Colección Cervantes

AHORRA E INVIERTE CON ÉXITO. CLAVES PRÁCTICAS
PARA HACER CRECER TU DINERO

La serie de Manuales Prácticos aporta una selección de textos monográficos, ágiles y dinámicos en su presentación, de gran utilidad para el estudiante, tanto en los temas lingüísticos como en otros asuntos de interés, como el lenguaje periodístico, el lenguaje jurídico y la interpretación actoral.

AHORRA E INVIERTE CON ÉXITO. CLAVES PRÁCTICAS PARA HACER CRECER TU DINERO

ROBERT TRUMP

SERIE MANUALES PRÁCTICOS

EDITORIAL
VERBUM

Traducción: Maritza Izquierdo
© Diseño de portada: Iván García
© De esta edición: Editorial Verbum, 2025

Tr.ª Sierra de Gata, 5
La Poveda (Arganda del Rey)
28500 - Madrid
Teléf.: (+34) 910 46 54 33
e-mail: info@editorialverbum.es
https://editorialverbum.es

I.S.B.N.: 978-84-1136-869-8
Depósito Legal: M-5500-2025

Diseño de colección: Origen Gráfico, S. L.
Preimpresión: Adrians Esquivel Romero
Printed in Spain / Impreso en España

Este libro ha sido
impreso con papel
ecológico procedente
de bosques sostenibles.

ÍNDICE

Prólogo 9

Capítulo 1: Los fundamentos del ahorro 13

Capítulo 2: Crear un plan financiero personalizado 17

Capítulo 3: El poder de los hábitos financieros 23

Capítulo 4: Conceptos básicos de inversión 29

Capítulo 5: Tipos de inversiones y cómo elegir las mejores para ti 35

Capítulo 6: Herramientas y plataformas para invertir 41

Capítulo 7: Estrategias de inversión inteligente 47

Capítulo 8: Cómo proteger tus inversiones y ahorros 53

Capítulo 9: El poder del tiempo y la paciencia en las inversiones 59

Capítulo 10: La psicología del inversor exitoso 65

Capítulo 11: Casos de estudio y ejemplos reales de éxito financiero 71

Apéndices 75

Bibliografía 79

Prólogo

Introducción al ahorro e inversión: Por qué es fundamental para tu futuro financiero

El ahorro y la inversión son los pilares sobre los cuales se construye una base financiera sólida. En un mundo en el que el consumo inmediato parece ser la norma, a menudo nos olvidamos de la importancia de planificar a largo plazo. Ahorrar e invertir no son solo acciones destinadas a acumular dinero, sino a *asegurar tu bienestar y tranquilidad financiera en el futuro.*

La mayoría de las personas trabaja arduamente para ganar dinero, pero muy pocas comprenden realmente cómo hacerlo crecer. *El ahorro es el primer paso,* ya que te permite crear un colchón para imprevistos y, a largo plazo, alcanzar objetivos importantes como la compra de una casa, la educación de tus hijos o incluso tu retiro. Sin embargo, *el dinero ahorrado no debería quedarse inactivo;* aquí es donde entra la inversión. Invertir te permite poner a trabajar esos ahorros y obtener beneficios a través del tiempo, ya sea a través del interés compuesto, el crecimiento del capital o los dividendos.

Imagina que depositas una pequeña cantidad de dinero cada mes en una cuenta de ahorros y, con el tiempo, ves cómo esa cantidad crece lentamente gracias a la disciplina de no gastarla. Ahora, visualiza que además de ahorrar, colocas parte de ese dinero en una inversión que no solo te devuelve lo que aportas, sino que además genera ganancias cada vez más numerosas. Esa es la magia del ahorro y la inversión cuando se combinan de manera efectiva.

Este manual te guiará paso a paso en ese proceso: desde *establecer tus metas de ahorro,* hasta aprender *dónde y cómo invertir* de manera inteligente. No se trata de hacerse rico de la noche a la mañana, sino de desarrollar hábitos financieros saludables que te permitan alcanzar la estabilidad y la libertad financiera a largo plazo.

Cómo usar este manual para obtener los mejores resultados

Este manual está diseñado para ser un *recurso práctico y accesible* que puedes aplicar en tu vida diaria. A lo largo de cada capítulo, encontrarás herramientas y estrategias adaptadas tanto para quienes están comenzando a ahorrar como para aquellos que desean llevar sus finanzas al siguiente nivel mediante la inversión. Te sugiero leer este libro con un enfoque activo. Eso significa:

- **Toma notas**: A medida que avances, anota los puntos clave que creas que puedes implementar de inmediato.
- **Realiza los ejercicios prácticos**: En cada sección encontrarás ejemplos y casos prácticos. Estos te ayudarán a comprender cómo aplicar los conceptos a tu situación financiera particular.
- **Revisa tus avances regularmente**: No se trata de leer este libro una sola vez y olvidarlo. Regresa a las secciones más importantes según avances en tu camino financiero. El ahorro y la inversión son procesos dinámicos que requieren revisión y ajuste continuos.

Cada capítulo está diseñado para ofrecerte información concreta y consejos prácticos. Desde *crear un presupuesto eficaz* hasta *entender las diversas opciones de inversión*, este manual abarca todo lo que necesitas saber para tomar decisiones informadas y responsables sobre tu dinero.

Un cambio de mentalidad: De consumidor a inversionista

El primer paso hacia el éxito financiero no radica únicamente en cuánto dinero ganes, sino en *cómo piensas respecto al dinero*. Muchas personas ven el dinero como algo para gastar en satisfacer necesidades inmediatas, cayendo en la trampa del consumo constante. Esta mentalidad es el mayor obstáculo para construir una base financiera sólida.

Para transformar tu vida financiera, necesitas adoptar una nueva mentalidad: la de *inversionista*. Un inversionista no solo se preocupa por cuánto dinero tiene en su cuenta bancaria, sino por *cómo ese dinero puede crecer y trabajar para él*. En lugar de pensar en el dinero como un recurso para el consumo instantáneo, debes comenzar a verlo como una herramienta que puede ayudarte a lograr metas más grandes y significativas a lo largo del tiempo.

Cambiar de mentalidad significa tomar decisiones conscientes: aprender a diferenciar entre el deseo de gastar en algo que no necesitas y el compromiso de invertir en algo que te aportará beneficios a futuro. En este manual, te guiaré para que reevalúes tus hábitos de consumo y adoptes una perspectiva a largo plazo que te permita tomar control de tu dinero.

Con el tiempo, esta transformación te permitirá no solo ahorrar más, sino también crear un *futuro financiero próspero*. Convertirte en inversionista no significa que debes ser un experto en finanzas; significa que has decidido poner en marcha estrategias inteligentes que multiplicarán tus ahorros y te proporcionarán seguridad en los años venideros.

¡Bienvenido a este viaje hacia la libertad financiera!

Capítulo 1: Los fundamentos del ahorro

1.1 ¿Qué es el ahorro y por qué es importante?

El ahorro es, en términos simples, la *acción de reservar una parte de tus ingresos* en lugar de gastarlos. Este dinero reservado puede servir para objetivos específicos a corto, mediano o largo plazo, desde cubrir emergencias hasta alcanzar metas financieras más ambiciosas, como comprar una casa o jubilarte cómodamente.

La importancia del ahorro radica en que te proporciona *seguridad financiera*. Al tener un colchón económico, puedes enfrentar imprevistos sin endeudarte. Además, el ahorro te permite aprovechar oportunidades de inversión, generar intereses y obtener libertad económica en el futuro. Como dice el dicho, "el dinero que no tienes, no lo puedes perder". Ahorrar significa estar preparado para lo inesperado y te brinda tranquilidad al saber que, pase lo que pase, tendrás una base sobre la cual apoyarte.

Los estudios muestran que la mayoría de las personas que experimentan estrés financiero no es porque ganen poco, sino porque no tienen un plan para gestionar sus ingresos y gastos. Ahorrar es la primera clave para salir de este ciclo. *El ahorro es el primer paso hacia el éxito financiero*, y al hacerlo parte de tu rutina, comenzarás a cambiar tu vida.

1.2 Cómo establecer metas de ahorro efectivas

Ahorrar sin un propósito claro puede ser frustrante y difícil de mantener a largo plazo. Por eso es esencial *establecer metas de ahorro* que sean claras, alcanzables y motivadoras. Las metas de ahorro deben estar vinculadas a lo que es importante para ti: tal vez sea un fondo de emergencia, el pago de una deuda o un viaje soñado.

Cómo establecer metas de ahorro efectivas:

1. Define metas SMART:
- **Específicas**: Define claramente para qué estás ahorrando (vg., "ahorrar $3,000 para un fondo de emergencia").

- **Medibles**: Establece una cantidad exacta que quieres ahorrar.
- **Alcanzables**: Asegúrate de que tu meta sea realista según tu situación financiera.
- **Relevantes**: Tus metas deben estar alineadas con tus prioridades y valores.
- **Temporales**: Define un plazo para alcanzar tu objetivo, ya sea en 6 meses o 3 años.

2. Divide tus metas por plazos:
- **Corto plazo**: Metas que quieres alcanzar en menos de un año, como ahorrar para una emergencia o unas vacaciones.
- **Mediano plazo**: Objetivos de entre 1 y 5 años, como el pago inicial de una casa.
- **Largo plazo**: Metas que van más allá de 5 años, como la jubilación o la universidad de tus hijos.

3. Automatiza tu ahorro: Si te resulta difícil ahorrar de forma consistente, considera configurar transferencias automáticas desde tu cuenta corriente a una cuenta de ahorros. Al automatizarlo, el ahorro se convierte en un hábito sin necesidad de pensar en ello cada mes.

4. Revisa tus metas regularmente: La vida cambia, y tus metas también pueden hacerlo. Revisa tus metas cada pocos meses para asegurarte de que sigan siendo relevantes y realistas. Si has alcanzado una, crea una nueva para mantener el hábito.

1.3 Diferentes tipos de cuentas de ahorro: ¿Cuál es la mejor para ti?

El mercado financiero ofrece una variedad de *cuentas de ahorro* que se adaptan a diferentes necesidades. Cada tipo de cuenta tiene características específicas, como la facilidad de acceso al dinero, las tasas de interés y los beneficios adicionales. Es importante elegir una cuenta que se alinee con tus metas económicas.

Tipos de cuentas de ahorro más comunes:

1. Cuenta de ahorro tradicional:

Es la opción más común y fácil de abrir en cualquier banco. Ofrece un bajo riesgo, pero también suele tener una tasa de interés baja. Esta cuenta es ideal para fondos de emergencia, ya que permite fácil acceso al dinero.

2. Cuenta de ahorro de alto rendimiento:

Este tipo de cuenta ofrece una tasa de interés más alta que las cuentas tradicionales. Son ideales si quieres que tu dinero crezca más rápido mientras sigue siendo relativamente accesible.

3. Certificados de depósito (CDs):

Un CD es una opción de ahorro donde acuerdas dejar tu dinero depositado durante un período de tiempo determinado (meses o años) a cambio de una tasa de interés fija. A menudo ofrecen tasas más altas, pero debes estar dispuesto a dejar el dinero inmovilizado por un tiempo. Ideal para metas a mediano y largo plazo.

4. Cuentas de ahorro en línea:

Con el crecimiento de los bancos en línea, este tipo de cuenta se ha vuelto muy popular debido a sus *tasas de interés más altas* y la posibilidad de gestionar todo desde tu móvil. Son una excelente opción si buscas flexibilidad y mejores rendimientos sin riesgos adicionales.

5. Cuentas de ahorro específicas:

Algunos bancos ofrecen cuentas dedicadas a fines específicos, como ahorrar para la universidad, la jubilación o una compra importante. Estas cuentas a menudo tienen beneficios fiscales o mejores tasas si se utilizan para su propósito original.

¿Cuál es la mejor para ti? Dependerá de tus metas y de cuándo necesitas acceder al dinero. Si quieres liquidez inmediata, una cuenta de ahorro tradicional puede ser suficiente, pero si puedes comprometerte a no tocar el dinero por un tiempo, un CD o una cuenta de alto rendimiento puede ser más beneficiosa.

1.4 Estrategias para empezar a ahorrar hoy: Técnicas simples pero poderosas

Ahorrar puede parecer una tarea desalentadora si nunca lo has hecho antes, pero comenzar con *pequeños pasos* y estrategias simples puede hacer una gran diferencia.

Aquí te presentamos algunas estrategias efectivas para empezar a ahorrar hoy mismo:

1. Redondeo de compras: Algunos bancos y aplicaciones permiten redondear las compras al siguiente dólar y transferir la diferencia a una cuenta de ahorro. Por ejemplo, si gastas $9.50 en una compra, se redondea a $10 y los $0.50 van a tu ahorro. Es una manera de ahorrar casi sin darte cuenta.

2. Regla de las 24 horas: Antes de hacer una compra no esencial, espera 24 horas para reflexionar si realmente la necesitas. Muchas veces, esa espera reduce el impulso de gastar.

3. Desafío de ahorro de 52 semanas: Aumenta tu ahorro semanalmente durante un año. Comienza con $1 la primera semana, $2 la segunda semana y así sucesivamente hasta llegar a $52 la última semana del año. Al final, habrás ahorrado $1,378 sin hacer grandes sacrificios.

3. Ahorrar el "extra": Cada vez que recibas ingresos adicionales (bonos, regalos, devoluciones de impuestos), en lugar de gastarlo todo, aparta una parte para tu ahorro.

4. Revisión de suscripciones: Haz una auditoría de las suscripciones que tienes (servicios de *streaming*, gimnasios, revistas) y cancela las que no usas con frecuencia. Es una manera fácil de reducir gastos y aumentar tus ahorros.

1.5 La regla del 50/30/20: Cómo organizar tu presupuesto de manera eficiente

Una de las formas más populares y efectivas de organizar tu presupuesto es la *regla del 50/30/20*. Esta regla divide tus ingresos netos (después de impuestos) en tres categorías:

1. 50% para necesidades:

Esto incluye los gastos esenciales como vivienda, alimentos, transporte y servicios básicos. Asegúrate de que la mitad de tus ingresos cubran estos costos para evitar problemas financieros.

2. 30% para deseos:

Aquí entran los gastos no esenciales pero que mejoran tu calidad de vida, como entretenimiento, cenas fuera, viajes o compras de lujo. Es importante tener un equilibrio entre disfrutar tu dinero y mantener un control adecuado.

3. 20% para ahorro e inversión:

Finalmente, destina el 20% de tus ingresos a tu fondo de ahorro, fondo de emergencia o inversiones. Esta es la clave para construir tu seguridad financiera y asegurarte un futuro próspero.

Este método es simple, flexible y fácil de seguir. *Lo importante es adaptarlo a tu situación personal* y revisar tu presupuesto regularmente para asegurarte de que sigues en el camino correcto hacia tus metas financieras.

Capítulo 2: Crear un plan financiero personalizado

2.1 ¿Qué es un plan financiero personal y cómo puede ayudarte?

Un *plan financiero personal* es una hoja de ruta detallada que te permite organizar, gestionar y proyectar el uso de tus recursos financieros para alcanzar tus metas a corto, mediano y largo plazo. Este plan no solo te ayuda a visualizar tu situación financiera actual, sino que también te proporciona un marco claro para tomar decisiones informadas sobre tus gastos, ahorros, inversiones y el pago de deudas.

El objetivo de un plan financiero es *darte control* sobre tu dinero, asegurando que cada decisión financiera que tomes te acerque más a tus metas, en lugar de alejarte de ellas. Un buen plan financiero te ofrece:

- **Claridad**: Te muestra una visión completa de tu situación económica.
- **Dirección**: Te ayuda a definir metas financieras claras y a establecer un camino para lograrlas.
- **Confianza**: Con un plan bien diseñado, puedes manejar imprevistos sin perder de vista tus objetivos.
- **Seguridad a largo plazo**: Te permite prever el futuro y asegurar una estabilidad financiera duradera.
- Sin un plan financiero, es fácil caer en patrones de gasto descontrolados, perder oportunidades de ahorro y quedar atrapado en deudas. Crear un plan financiero personalizado es el primer paso para *tomar las riendas de tu futuro económico*.

2.2 Identifica tus ingresos y gastos: Cómo crear un presupuesto detallado

Antes de poder planificar tu futuro financiero, es necesario que tengas una comprensión clara de tu situación actual. Esto implica identificar *cuáles son tus ingresos y cuáles son tus gastos*. Con esta información, puedes crear un presupuesto detallado que te permita asignar tus recursos de manera eficiente.

Cómo crear un presupuesto detallado:

1. Anota tus ingresos:

Enumera todas tus fuentes de ingreso, incluyendo tu salario, ingresos extras, rendimientos de inversiones, entre otros. Asegúrate de trabajar *con ingresos netos*, es decir, el dinero que realmente recibes después de impuestos y deducciones.

2. Enumera tus gastos fijos:

Estos son los gastos que tienes cada mes sin importar las circunstancias. Incluye aquí la renta o hipoteca, servicios públicos, pagos de préstamos, seguros y alimentos. Estos gastos son esenciales y prioritarios.

3. Identifica tus gastos variables:

Los gastos variables son aquellos que fluctúan mes a mes, como el entretenimiento, compras, comidas fuera de casa y viajes. Estos gastos son los que más control pueden requerir y donde es posible hacer ajustes si es necesario.

4. Distingue entre necesidades y deseos:

Para tener una visión clara de tu presupuesto, clasifica tus gastos en "necesidades" (gastos esenciales) y "deseos" (gastos opcionales). Esto te permitirá ajustar más fácilmente en caso de que necesites ahorrar o reducir gastos.

5. Calcula tus ingresos y egresos netos:

Resta tus gastos de tus ingresos. Si tienes un superávit (sobrante de dinero), ¡excelente! Eso te permitirá ahorrar o invertir. Si tienes un déficit (gastas más de lo que ingresas), tendrás que hacer ajustes para equilibrar tu presupuesto.

6. Ajusta y revisa regularmente:

El presupuesto no es un documento estático. Revisa cada mes tus ingresos y gastos para asegurarte de que estás cumpliendo tus metas y ajusta cuando sea necesario. *La clave es ser flexible.*

Crear un presupuesto detallado no solo te permite mantenerte organizado, sino que también te ayuda a *identificar oportunidades* para aumentar tus ahorros y controlar mejor tus gastos.

2.3 Definir tus objetivos financieros a corto, mediano y largo plazo

Una vez que hayas creado tu presupuesto, el siguiente paso es *definir objetivos financieros claros*. Sin metas definidas, ahorrar o invertir puede parecer un ejercicio sin propósito. Tus objetivos deben alinearse con tus valores y prioridades personales, y estar divididos en plazos de tiempo para facilitar su gestión.

Cómo definir tus objetivos financieros:

1. Corto plazo (menos de 1 año):
Los objetivos a corto plazo pueden incluir construir un fondo de emergencia, pagar deudas pequeñas o ahorrar para una compra específica. Estos objetivos son más inmediatos y deben ser alcanzables en un período corto.

2. Mediano plazo (1 a 5 años):
Aquí entran metas más grandes, como ahorrar para el pago inicial de una casa, financiar una boda o acumular fondos para un gran viaje. Los objetivos de mediano plazo requieren más planificación, pero son igualmente cruciales para tu bienestar financiero.

3. Largo plazo (más de 5 años):
Tus metas a largo plazo incluyen la planificación de la jubilación, ahorrar para la universidad de tus hijos o pagar completamente una hipoteca. Estos objetivos requieren *disciplina y constancia*, ya que sus beneficios se ven en el futuro.

Estrategia SMART para establecer metas:

- **Específicas**: Define claramente lo que quieres lograr. Ejemplo: "Ahorrar $10,000 en los próximos 3 años para el pago inicial de una casa".
- **Medibles**: Cuantifica el progreso. Ejemplo: "Ahorrar $300 al mes".
- **Alcanzables**: Sé realista. ¿Es esta cantidad razonable dada tu situación actual?
- **Relevantes**: Asegúrate de que esta meta esté alineada con tus prioridades.
- **Temporales**: Asigna un plazo a tu meta. ¿Cuándo deseas alcanzarla?

Tener metas financieras claras te da una *motivación tangible* para ahorrar e invertir, lo que facilita tomar decisiones financieras más inteligentes en el día a día.

2.4 Cómo priorizar el pago de deudas y ahorrar al mismo tiempo

Para muchas personas, una gran pregunta es: ¿debo pagar mis deudas o ahorrar primero? La realidad es que ambas acciones son importantes, y encontrar un equilibrio entre ambas es clave para tu éxito financiero.

Estrategias para priorizar deudas y ahorro:

1. Crea un fondo de emergencia primero:
Antes de concentrarte en pagar deudas, asegúrate de tener un pequeño fondo de emergencia, idealmente entre 1 y 3 meses de tus gastos básicos. Esto te protege de imprevistos sin necesidad de recurrir a más deudas.

2. Evalúa tus deudas:
Clasifica tus deudas según la tasa de interés. Las deudas con intereses altos, como las tarjetas de crédito, deben ser tu prioridad, ya que son las que te cuestan más dinero a largo plazo. Las deudas con tasas más bajas, como préstamos estudiantiles o hipotecarios, pueden abordarse a un ritmo más lento.

3. Método "bola de nieve":
Este método consiste en pagar primero las deudas más pequeñas mientras haces pagos mínimos en las más grandes. A medida que eliminas las deudas pequeñas, sientes una sensación de logro que te motiva a seguir.

4. Método "avalancha":
Prioriza las deudas con tasas de interés más altas. Esto te ahorrará más dinero a largo plazo, ya que reducirás la cantidad de intereses que pagas.

5. Ahorra al mismo tiempo:
Aunque estés pagando deudas, es importante que sigas ahorrando, incluso si solo es una pequeña cantidad cada mes. El ahorro no debe detenerse por completo, ya que te ayudará a evitar nuevas deudas cuando surjan emergencias.

6. Automatiza ambos pagos:
Programa pagos automáticos para tus deudas y ahorro. De este modo, estás asegurándote de que ambos aspectos de tu plan financiero se gestionen sin necesidad de decisiones constantes.

Priorizar deudas y ahorrar al mismo tiempo requiere disciplina, pero esta estrategia equilibrada te permitirá *avanzar en ambos frentes*, construyendo un futuro financiero más estable.

2.5 Revisión y ajuste del plan financiero: Mantén el control de tus finanzas

Un plan financiero no es algo que creas una vez y olvidas. Las circunstancias cambian y, con ellas, tus necesidades financieras. Por eso, es fundamental *revisar y ajustar tu plan financiero* regularmente para asegurarte de que sigues en el camino correcto.

Cómo revisar y ajustar tu plan financiero:

1. Evalúa tu progreso:
Revisa tus metas financieras cada 3 a 6 meses para evaluar tu progreso. ¿Estás ahorrando lo suficiente? ¿Has reducido deudas? Si algo no va según lo planeado, ajusta tus metas o estrategias.

2. Revisa tu presupuesto:
Si notas que ciertos gastos se han descontrolado, revisa tu presupuesto y ajusta los gastos variables. Considera renegociar algunos gastos fijos, como seguros o servicios, para liberar más recursos.

3. Ajusta tus metas si es necesario:
A medida que cambian tus prioridades (por ejemplo, si decides comprar una casa antes de lo previsto), ajusta tus metas financieras para reflejar esa nueva realidad.

4. Monitorea tus inversiones:
Si ya has comenzado a invertir, asegúrate de revisar regularmente el rendimiento de tus inversiones y ajusta tu portafolio si es necesario. Asegúrate de que tus inversiones estén alineadas con tus objetivos a largo plazo.

5. Planifica para lo inesperado:
Los cambios en el mercado, una pérdida de empleo o una emergencia pueden requerir ajustes rápidos en tu plan financiero. Mantén tu plan flexible y asegúrate de que puedes adaptarlo a las nuevas realidades.

Mantener el control de tus finanzas mediante revisiones periódicas y ajustes estratégicos te asegura estar preparado para cualquier cambio y te acerca cada vez más a tus metas financieras a largo plazo.

Capítulo 3: El poder de los hábitos financieros

3.1 Cómo construir hábitos de ahorro sólidos

El ahorro no es algo que sucede de la noche a la mañana, sino el resultado de la constancia y la disciplina. Para crear una base financiera sólida, es crucial construir *hábitos de ahorro que sean sostenibles a largo plazo*. Estos hábitos te permitirán alcanzar metas importantes sin sentir que estás haciendo grandes sacrificios.

Estrategias para construir hábitos de ahorro sólidos:

1. Empieza poco a poco: Si nunca has ahorrado antes, puede ser abrumador pensar en apartar grandes cantidades de dinero de una vez. Comienza con pequeñas cantidades, incluso si solo puedes ahorrar un 5% de tus ingresos inicialmente. A medida que te acostumbres al proceso, podrás aumentar esa cantidad.

2. Automatiza tus ahorros: La mejor manera de construir un hábito de ahorro es hacerlo *automático*. Configura transferencias automáticas desde tu cuenta corriente a tu cuenta de ahorro tan pronto recibas tu salario. De esta manera, ahorras sin pensar en ello y reduces la tentación de gastar ese dinero.

3. Establece metas claras: Tener metas concretas te ayudará a mantener la motivación. Divide tus objetivos en metas de corto, mediano y largo plazo, y asegúrate de que tu hábito de ahorro esté alineado con cada una de ellas.

4. Evita las tentaciones: Mantén tu cuenta de ahorro separada de tu cuenta corriente y evita tener una tarjeta de débito vinculada a ella. Así, no tendrás fácil acceso a esos fondos y te obligará a pensar dos veces antes de utilizarlos.

5. Celebra los pequeños logros: Ahorrar puede parecer una tarea larga y sin gratificación inmediata, pero cada paso que des hacia tus objetivos es un logro. Celebra cada vez que alcances una meta, por pequeña que sea, para mantener el impulso.

Construir hábitos de ahorro sólidos requiere tiempo y paciencia, pero una vez que estén en marcha, se convertirán en una parte natural de tu vida financiera, garantizando que estés preparado para el futuro.

3.2 Técnicas de seguimiento y automatización del ahorro

El seguimiento es una parte esencial para garantizar que tus hábitos de ahorro se mantengan en el buen camino. Con la tecnología actual, existen varias herramientas y técnicas para monitorear tu progreso y automatizar el proceso de ahorro, lo que lo convierte en una tarea casi sin esfuerzo.

Técnicas de seguimiento y automatización del ahorro:

1. Aplicaciones de seguimiento de ahorro: Hay muchas aplicaciones que te permiten visualizar tu progreso de ahorro, como **Mint, YNAB (You Need a Budget)** o **PocketGuard**. Estas herramientas conectan tus cuentas bancarias y te muestran cómo se está acumulando tu ahorro, además de enviar recordatorios si te estás desviando de tus metas.

2. Método de ahorro basado en porcentajes: Otra técnica de automatización es establecer un porcentaje fijo de cada ingreso que se transfiera automáticamente a tu cuenta de ahorro. Puedes destinar un 10%, 20% o cualquier cantidad que sea adecuada para ti. Al ser automático, ni siquiera lo notarás.

3. Reto del "redondeo": Algunos bancos y aplicaciones te permiten redondear tus compras al dólar más cercano y transferir ese pequeño redondeo a tu cuenta de ahorro. Aunque las cantidades sean pequeñas, con el tiempo se acumulan y crean un fondo significativo.

4. Automatiza las transferencias: La clave de la automatización es la consistencia. Establece una transferencia automática el día que recibes tu salario para que parte de ese dinero vaya directamente a tu cuenta de ahorro antes de que tengas la tentación de gastarlo.

5. Revisa tu progreso mensual: Aunque el ahorro sea automático, revisa tus avances cada mes. Esto te permitirá ajustar las cantidades si es necesario y asegurarte de que estás cumpliendo tus metas.

Automatizar el ahorro y realizar un seguimiento constante te asegura que mantendrás el hábito a largo plazo, incluso cuando la vida se vuelva más agitada o surjan tentaciones de gasto.

3.3 La importancia de un fondo de emergencia: Cómo y cuándo utilizarlo

Un *fondo de emergencia* es uno de los pilares más importantes de una planificación financiera sólida. Este fondo te protege de imprevistos financieros, como la pérdida de empleo, gastos médicos o reparaciones inesperadas, y evita que recurras a deudas para cubrir estos gastos.

Por qué es esencial un fondo de emergencia:

1. Seguridad financiera: Tener un fondo de emergencia te da tranquilidad mental, sabiendo que puedes enfrentar situaciones inesperadas sin desestabilizar tus finanzas.

2. Evitar deudas: Un fondo de emergencia te protege de tener que recurrir a tarjetas de crédito o préstamos cuando enfrentas un gasto inesperado, evitando así deudas con altos intereses.

3. Flexibilidad financiera: Si surge una oportunidad (como un cambio de carrera o un traslado a otra ciudad), un fondo de emergencia te permite tomar decisiones sin la presión financiera inmediata.

Cómo construir y utilizar un fondo de emergencia:

1. Cuánto debes ahorrar: Los expertos financieros recomiendan tener entre *3 y 6 meses de gastos esenciales* en tu fondo de emergencia. Si tienes un trabajo más inestable o trabajas por cuenta propia, considera ahorrar hasta 12 meses.

2. Dónde guardar tu fondo de emergencia: Tu fondo de emergencia debe estar en una cuenta de fácil acceso, como una cuenta de ahorro, pero no debe estar mezclado con tus fondos diarios. Evita inversiones riesgosas o cuentas que bloqueen el acceso inmediato al dinero.

3. Cuándo utilizar el fondo de emergencia: Este fondo es solo para emergencias reales e inesperadas, como gastos médicos urgentes, desempleo o reparaciones importantes. No debe utilizarse para vacaciones, compras o gastos planificados.

Un fondo de emergencia te permite *manejar situaciones imprevistas sin pánico* y seguir adelante con tus metas financieras a largo plazo sin retrocesos significativos.

3.4 Evitar las trampas del gasto emocional y el consumo impulsivo

El gasto emocional y el consumo impulsivo son dos de los mayores obstáculos para mantener una buena salud financiera. Muchas personas gastan más de lo que deberían como una forma de lidiar con el estrés, la ansiedad o el aburrimiento, lo que a menudo conduce a una acumulación de deudas o al agotamiento de los ahorros.

Cómo evitar el gasto emocional y el consumo impulsivo:

1. Identifica los desencadenantes emocionales: Reconoce cuándo tiendes a gastar más. ¿Es cuando estás estresado, cansado o aburrido? Al identificar estas emociones, puedes ser más consciente de tus decisiones de gasto.

2. Aplica la regla de las 24 horas: Si sientes el impulso de hacer una compra importante, date 24 horas para pensar en ello. Muchas veces, ese deseo inicial de comprar desaparece con el tiempo, lo que evita compras innecesarias.

3. Establece un presupuesto para "gustos": En lugar de prohibirte por completo gastar en cosas que disfrutas, crea un presupuesto mensual para compras no esenciales. Esto te permite darte un gusto sin comprometer tus metas financieras más grandes.

4. Crea un ritual de "pausa" antes de comprar: Cuando sientas el impulso de gastar, toma un momento para reflexionar. Pregúntate si realmente lo necesitas o si estás gastando por emoción. *Hacer una pausa* puede ayudarte a evitar decisiones impulsivas.

5. Desconéctate de las tentaciones: Si el gasto impulsivo es un problema recurrente, evita sitios web o tiendas donde tiendes a gastar más. Cancela las suscripciones a correos promocionales y considera usar aplicaciones que bloqueen sitios de compras durante ciertas horas del día.

Ser consciente de tus patrones de gasto y aprender a controlar el consumo impulsivo te ayudará a proteger tu ahorro y mantener el rumbo hacia tus metas financieras.

3.5 Cómo recompensarte sin romper tu plan financiero

Ahorrar y ser disciplinado con tus finanzas no significa que tengas que renunciar a recompensarte. De hecho, *recompensarte de manera inteligente* es una excelente forma de mantener la motivación y disfrutar del proceso sin sentir que estás sacrificando demasiado.

Cómo recompensarte sin descarrilar tu plan financiero:

Define pequeñas recompensas: Cada vez que alcances una meta financiera (como pagar una deuda o ahorrar una cantidad específica), date un pequeño premio, como una cena especial o una actividad que disfrutes. Las recompensas pequeñas pero significativas te mantendrán motivado.

1. Incluye las recompensas en tu presupuesto: Planifica tus recompensas dentro de tu presupuesto. Destina una pequeña cantidad de dinero cada mes para cosas que te gusten, pero asegúrate de que no interfiera con tus metas principales.

2. Ahorra para tus recompensas: Si deseas hacer una compra más grande (como un viaje o un dispositivo nuevo), crea un fondo específico para ello. Ahorrar para recompensarte te hará disfrutar más el proceso y evitarás la culpa de gastar dinero que debería ir a otros fines.

3. Elige experiencias sobre cosas: Las experiencias, como viajes, actividades o salidas, suelen proporcionar más satisfacción a largo plazo que las compras materiales. Opta por experiencias que enriquezcan tu vida y te den momentos memorables sin romper tu presupuesto.

5. Sé consciente de tu progreso: Cada vez que te des una recompensa, recuerda lo lejos que has llegado en tu plan financiero. Reconocer tu progreso es una recompensa en sí misma y te motiva a seguir adelante.

Recompensarte es parte del equilibrio necesario para mantener un enfoque saludable en tus finanzas. Si lo haces de manera planificada, puedes disfrutar de tus logros sin sacrificar tus objetivos a largo plazo.

Capítulo 4: Conceptos básicos de inversión

4.1 ¿Qué es la inversión y cómo funciona?

La *inversión* es el proceso de poner tu dinero a trabajar para generar rendimientos o ganancias a lo largo del tiempo. A diferencia del ahorro, donde el dinero permanece en una cuenta sin crecer significativamente, la inversión busca *multiplicar ese capital* a través de diversas herramientas financieras, como acciones, bonos, bienes raíces o fondos de inversión.

En términos simples, cuando inviertes, estás utilizando tu dinero para comprar algo que esperas que *aumente de valor* o te genere ingresos adicionales en el futuro. A cambio de asumir un cierto grado de riesgo, tienes la posibilidad de obtener mayores beneficios financieros. Warren Buffett, uno de los inversores más exitosos del mundo, explica que la inversión es esencialmente "poner el dinero en algo que se espera que sea productivo".

Cómo funciona la inversión:

1. Capital inicial: El dinero que destinas a la inversión. Cuanto más inviertes, mayor es el potencial de generar ingresos.

2. Rendimiento: La cantidad que ganas por tu inversión, ya sea a través del crecimiento del valor de los activos o de ingresos, como dividendos o intereses.

3. Riesgo: El grado de incertidumbre sobre si obtendrás ganancias. Las inversiones con mayor riesgo pueden generar mayores rendimientos, pero también conllevan la posibilidad de perder parte o todo el capital.

4. Horizonte temporal: El tiempo que planeas mantener una inversión antes de necesitar el dinero. A menudo, las inversiones de largo plazo generan mayores rendimientos, aunque con más fluctuaciones a lo largo del tiempo.

Iniciar en el mundo de las inversiones puede ser abrumador, pero entender los conceptos básicos te permite tomar decisiones informadas y comenzar a crear un futuro financiero más sólido.

4.2 La diferencia entre ahorro e inversión: ¿Cuándo debes invertir?

El ahorro y la inversión son dos conceptos clave en la gestión financiera, pero es importante comprender sus diferencias para saber cuándo y cómo utilizar cada uno.

Diferencias clave entre ahorro e inversión:

1. Ahorro:

Es dinero que reservas para gastos futuros o emergencias.

Se guarda en cuentas de bajo riesgo y fácil acceso, como cuentas de ahorro.

Crece lentamente con intereses bajos, pero está *seguro* y accesible de inmediato.

Ideal para metas a corto plazo o situaciones de emergencia.

2. Inversión:

Es dinero que pones en activos (acciones, bonos, bienes raíces, etc.) con la intención de hacerlo crecer.

Conlleva *riesgo*, ya que su valor puede subir o bajar, y puede no estar disponible de inmediato.

Tiene el potencial de ofrecer *mayores rendimientos* a largo plazo, pero también puedes perder dinero.

Ideal para metas de mediano y largo plazo, como la jubilación o la compra de una vivienda.

¿Cuándo debes invertir?

Antes de comenzar a invertir, es esencial que tengas tu *fondo de emergencia* bien establecido. Este fondo te permitirá enfrentar gastos inesperados sin tener que recurrir a tus inversiones, que pueden estar en un momento desfavorable del mercado. Una vez que tengas entre 3 y 6 meses de gastos ahorrados, puedes comenzar a considerar la inversión para alcanzar metas más ambiciosas.

Invertir es adecuado cuando tienes metas financieras a largo plazo (más de 5 años) y estás dispuesto a aceptar que puede haber *fluctuaciones* en el valor de tus inversiones a corto plazo. Además, debes estar dispuesto a *diversificar* tus inversiones, lo que significa no poner todo tu dinero en un solo activo, sino distribuirlo en diferentes instrumentos financieros para reducir el riesgo.

4.3 Activos y pasivos: Aprende a diferenciar

Para tomar decisiones financieras acertadas, es fundamental comprender la diferencia entre *activos* y *pasivos*. Esta distinción te ayudará a construir riqueza de manera efectiva, enfocándote en los activos que generan ingresos o aumentan de valor con el tiempo, en lugar de acumular pasivos que consumen tu dinero.

Activos: Un activo es todo aquello que pone dinero en tu bolsillo o aumenta su valor con el tiempo. Los activos son herramientas clave para aumentar tu riqueza, ya que generan ingresos pasivos o crecen en valor a lo largo del tiempo.

Ejemplos de activos:

* **Acciones**: Invertir en acciones te permite ser dueño de una parte de una empresa. Si la empresa tiene éxito, el valor de tus acciones aumenta, y puedes recibir dividendos.
* **Bonos**: Los bonos son préstamos que haces a gobiernos o corporaciones, y a cambio recibes intereses.
* **Bienes raíces**: Propiedades que compras para alquilar o vender con una ganancia en el futuro.
* **Negocios**: Si posees un negocio rentable, genera ingresos que aumentan tu patrimonio.
* **Pasivos**: Un pasivo, por el contrario, es algo que saca dinero de tu bolsillo. Muchas personas cometen el error de comprar pasivos creyendo que son activos, lo que los lleva a una situación financiera inestable.

Ejemplos de pasivos:

* **Préstamos**: Cualquier tipo de deuda, como hipotecas, préstamos estudiantiles o tarjetas de crédito, son pasivos que requieren pagos regulares.
* **Compras de lujo**: Un coche o un electrodoméstico de alta gama que requiere mantenimiento y se deprecia con el tiempo.
* **Regla clave**: El objetivo es acumular más activos que pasivos. A medida que inviertes en activos que te generen ingresos o valor a largo plazo, reduces tu dependencia de los pasivos y creas un sistema financiero más estable.

4.4 Principios clave de inversión: Riesgo, rentabilidad y liquidez

Toda inversión implica tres conceptos clave que debes entender antes de tomar cualquier decisión: riesgo, rentabilidad y liquidez. Estos factores te ayudarán a evaluar qué tipo de inversión es adecuada para ti, según tu tolerancia al riesgo y tus objetivos financieros.

1. Riesgo: El riesgo se refiere a la incertidumbre sobre si una inversión generará los rendimientos esperados. A mayor riesgo, mayor es la probabilidad de ganar grandes rendimientos, pero también de perder parte o la totalidad del capital invertido.

2. Bajo riesgo: Inversiones como los bonos del gobierno o cuentas de ahorro ofrecen menor riesgo, pero sus rendimientos son más bajos.

3. Alto riesgo: Inversiones en acciones o criptomonedas pueden generar grandes beneficios, pero también fluctúan dramáticamente.

4. ¿Cómo manejar el riesgo?: Diversifica tus inversiones y selecciona una mezcla de activos de bajo y alto riesgo para equilibrar tu portafolio.

Rentabilidad:

La rentabilidad es el *beneficio* que esperas obtener de tu inversión. Puede presentarse en forma de intereses, dividendos o crecimiento del capital. Las inversiones de bajo riesgo, como las cuentas de ahorro, suelen ofrecer rendimientos más bajos, mientras que las acciones y bienes raíces pueden generar una rentabilidad mayor.

Evaluar la rentabilidad: Asegúrate de comparar los rendimientos con la inflación, ya que una rentabilidad baja podría no ser suficiente para superar el aumento en los precios de los bienes y servicios.

Liquidez:

La liquidez es la facilidad con la que puedes *convertir una inversión en efectivo* sin perder su valor. Algunas inversiones, como las cuentas de ahorro, son altamente líquidas, ya que puedes retirar el dinero en cualquier momento. Otras, como los bienes raíces, pueden tardar meses en venderse y no siempre se obtendrá el valor esperado.

Ejemplo de liquidez: Las acciones son relativamente líquidas, ya que se pueden vender en cualquier momento a su precio de mercado. Los bienes raíces, sin embargo, son menos líquidos debido al tiempo y esfuerzo necesarios para vender una propiedad.

Conocer el equilibrio adecuado entre riesgo, rentabilidad y liquidez te permitirá tomar decisiones de inversión más informadas y ajustadas a tu perfil financiero.

4.5 Cómo entender el interés compuesto y hacerlo trabajar a tu favor

El *interés compuesto* es uno de los conceptos financieros más poderosos que puede ayudarte a hacer crecer tus inversiones de manera exponencial con el tiempo. Albert Einstein lo describió como "la fuerza más poderosa del universo", y por una buena razón: con el interés compuesto, tus *ganancias generan más ganancias*.

Cómo funciona el interés compuesto:

Cuando inviertes dinero, recibes intereses o ganancias en función del capital invertido. En el caso del interés compuesto, esos intereses también empiezan a generar ganancias adicionales. A medida que pasa el tiempo, el crecimiento de tu inversión se acelera.

Ejemplo básico: Imagina que inviertes $1,000 con un interés compuesto del 5% anual:

Al final del primer año, habrás ganado $50 (5% de $1,000), por lo que ahora tienes $1,050.

En el segundo año, ganarás el 5% sobre $1,050, lo que te dará $52.50, y ahora tendrás $1,102.50.

Con el tiempo, las ganancias de cada año crecen más rápidamente, ya que estás generando intereses sobre los intereses acumulados.

Consejos para aprovechar el interés compuesto:

1. Comienza temprano: Cuanto antes empieces a invertir, más tiempo tendrás para que el interés compuesto haga su trabajo.

2. Reinversión: Asegúrate de reinvertir los intereses o dividendos que recibas para maximizar el efecto del interés compuesto.

3. Paciencia: El interés compuesto es más efectivo a largo plazo, por lo que mantener la inversión durante años o décadas te dará los mejores resultados.

El interés compuesto es una herramienta poderosa que, si se aprovecha correctamente, puede ser la clave para hacer crecer tu patrimonio de manera significativa a lo largo del tiempo.

Capítulo 5: Tipos de inversiones y cómo elegir las mejores para ti

5.1 Inversiones de bajo riesgo: Cuentas de ahorro, CDs y bonos del gobierno

Las inversiones de bajo riesgo son ideales para aquellos que desean proteger su capital y obtener rendimientos estables sin exponerse a grandes fluctuaciones del mercado. Aunque estas inversiones no ofrecen los rendimientos más altos, son adecuadas para *preservar el capital* y generar ingresos predecibles, especialmente para quienes tienen una baja tolerancia al riesgo o buscan objetivos a corto plazo.

Tipos de inversiones de bajo riesgo:

1. Cuentas de ahorro:
Las cuentas de ahorro en bancos o cooperativas de crédito ofrecen un lugar seguro para depositar dinero mientras generan *intereses bajos*. Aunque la tasa de interés no es alta, estas cuentas son ideales para mantener *fondos de emergencia* o dinero que necesitarás a corto plazo. Además, están protegidas por el seguro de depósitos en la mayoría de los países, lo que las hace extremadamente seguras.

2. Certificados de depósito (CDs):
Los CDs son productos bancarios en los que depositas una cantidad de dinero por un período de tiempo fijo (por ejemplo, 6 meses, 1 año o 5 años) y recibes una *tasa de interés garantizada* a cambio de no retirar el dinero antes del vencimiento. Ofrecen tasas más altas que las cuentas de ahorro, pero con menor flexibilidad. Son ideales para fondos que puedes dejar inmovilizados por un tiempo.

Bonos del gobierno:

Comprar bonos del gobierno significa prestar dinero al gobierno a cambio de pagos de intereses regulares (cupones) y la devolución del capital al vencimiento. Son considerados una de las inversiones más seguras, ya que los gobiernos tienden a ser emisores confiables. Sin embargo, los rendimientos suelen ser más bajos comparados con inversiones más riesgosas.

Estas inversiones son adecuadas para personas que priorizan la *seguridad* por encima de las ganancias, y que necesitan tener acceso a su dinero sin asumir grandes riesgos.

5.2 Inversiones en bolsa: Acciones y fondos indexados

La *bolsa de valores* es el lugar donde las acciones de las empresas se compran y venden. Aunque es una inversión de mayor riesgo que las cuentas de ahorro o los bonos, la bolsa ofrece *potencial de altos rendimientos* a largo plazo. Invertir en acciones y fondos indexados te permite beneficiarte del crecimiento económico y de las ganancias empresariales, pero conlleva riesgos, ya que los precios de las acciones pueden ser volátiles.

5.2.1 Cómo empezar a invertir en acciones

Invertir en acciones te convierte en *propietario parcial* de una empresa. Si la empresa crece y tiene éxito, tus acciones aumentarán de valor, y podrías recibir *dividendos* (pagos periódicos de parte de las ganancias). Sin embargo, si la empresa enfrenta dificultades, tus acciones podrían perder valor.

Pasos para empezar a invertir en acciones:

1. Abrir una cuenta de corretaje:
Para invertir en acciones, necesitarás una cuenta de inversión a través de un *corredor de bolsa* o una plataforma de inversión en línea. Algunos brokers populares incluyen *E*TRADE, Robinhood, y Schwab*.

2. Investiga antes de comprar:
Aprende sobre la empresa antes de invertir en sus acciones. Examina sus ingresos, beneficios, potencial de crecimiento y su situación en el mercado. Las herramientas de análisis financiero, como los informes anuales, te ayudarán a evaluar la salud financiera de la empresa.

3. Diversificación:
No pongas todo tu dinero en una sola acción. Invierte en diferentes sectores y empresas para reducir el riesgo. Si una acción pierde valor, otras inversiones en tu cartera pueden compensar la pérdida.
4. Establece un horizonte temporal:
Las inversiones en acciones suelen ser más adecuadas para metas a largo plazo (más de 5 años), ya que los mercados pueden ser volátiles en el corto plazo, pero históricamente tienden a crecer con el tiempo.

5.2.2 Fondos de inversión y ETFs: Diversificación para principiantes

Si te resulta abrumador elegir acciones individuales, los fondos de inversión y los ETFs (fondos cotizados en bolsa) son excelentes alternativas. Estas opciones te permiten invertir en una cartera diversificada de acciones o bonos sin la necesidad de seleccionar cada inversión por separado.

Fondos de inversión:

Son *carteras diversificadas* gestionadas por profesionales que invierten en acciones, bonos u otros activos. Los inversores compran "participaciones" del fondo y reciben una parte proporcional de los rendimientos del conjunto de inversiones.
Ventaja: Diversificación instantánea.
Desventaja: Comisiones de gestión más altas que otras opciones.

ETFs (fondos cotizados en bolsa):

Los ETFs funcionan de manera similar a los fondos de inversión, pero se compran y venden en la bolsa como acciones. Muchos ETFs siguen un índice (como el S&P 500), lo que significa que reflejan el rendimiento de ese índice de mercado.
Ventaja: Bajos costos y acceso fácil a la diversificación.
Desventaja: Aunque son menos volátiles que las acciones individuales, aún tienen riesgos de mercado.
Tanto los fondos de inversión como los ETFs son adecuados para inversores principiantes que buscan una *diversificación automática* sin tener que gestionar múltiples inversiones por separado.

5.3 Inversiones inmobiliarias: ¿Es el momento adecuado para ti?

La *inversión en bienes raíces* implica la compra de propiedades, ya sea para obtener ingresos a través del alquiler o para venderlas a un precio más alto en el futuro. Las inversiones inmobiliarias pueden ofrecer rendimientos atractivos y estables, pero requieren un *mayor capital inicial* y son menos líquidas que otras inversiones.

Ventajas de la inversión inmobiliaria:

Ingresos pasivos: Al alquilar una propiedad, puedes generar ingresos regulares.

Apreciación de la propiedad: Con el tiempo, los inmuebles tienden a aumentar su valor, lo que puede generar una *ganancia de capital* cuando vendas.

Diversificación: Añadir bienes raíces a tu portafolio te ayuda a diversificar y reducir el riesgo general.

Consideraciones antes de invertir en bienes raíces:

Capital inicial: Comprar una propiedad requiere una inversión inicial significativa, que incluye el pago inicial, gastos de cierre y costos de mantenimiento.

Liquidez: A diferencia de las acciones o bonos, vender una propiedad puede llevar tiempo, por lo que no es una opción adecuada si necesitas acceso rápido a tu dinero.

Mantenimiento: Ser propietario implica costos de mantenimiento y reparaciones. Además, la gestión de inquilinos puede ser una tarea desafiante.

Si tienes suficiente capital, disposición a asumir responsabilidades y buscas ingresos pasivos, la inversión inmobiliaria puede ser una opción atractiva, pero asegúrate de tener un plan sólido para manejar los riesgos.

5.4 Inversiones alternativas: Criptomonedas, materias primas y más

Las inversiones alternativas incluyen activos que no están en los mercados tradicionales, como criptomonedas, materias primas (oro, petróleo), arte o coleccionables. Aunque estas inversiones pueden ofrecer *altos rendimientos*, también conllevan un alto nivel de *riesgo y volatilidad.*

Criptomonedas:

Las criptomonedas, como Bitcoin o Ethereum, han ganado popularidad como una clase de activos alternativa. Aunque pueden ofrecer grandes rendimientos en poco tiempo, también son extremadamente volátiles y no están respaldadas por activos físicos o gobiernos.

Ventaja: Potencial de altos rendimientos.
Desventaja: Alta volatilidad y falta de regulación.

Materias primas:

Invertir en oro, plata, petróleo u otros productos básicos puede ser una forma de protegerte contra la inflación o la inestabilidad económica. Sin embargo, los precios de las materias primas fluctúan según la oferta y la demanda global, lo que las hace riesgosas.

Ventaja: Refugio en tiempos de incertidumbre económica.
Desventaja: Volatilidad y riesgo de pérdidas a corto plazo.

Arte y coleccionables:

Algunos inversores buscan diversificar adquiriendo arte, antigüedades o artículos de colección. Estos activos pueden aumentar de valor, pero son difíciles de valorar y no tienen una liquidez inmediata.

Ventaja: Potencial de apreciación de valor a largo plazo.
Desventaja: Riesgo de baja liquidez y costos elevados de mantenimiento.

Las inversiones alternativas pueden ofrecer diversificación y protección contra la inflación, pero debido a su naturaleza volátil y poco regulada, deben ocupar solo una pequeña parte de tu portafolio si decides invertir en ellas.

5.5 Cómo diversificar tu portafolio para reducir el riesgo

La diversificación es una estrategia clave para reducir el riesgo en tu portafolio de inversiones. La idea es distribuir tu dinero entre diferentes tipos de activos para que si uno de ellos pierde valor, los otros puedan compensar la pérdida. En lugar de poner "todos los huevos en la misma canasta", la diversificación ayuda a proteger tus inversiones de la volatilidad del mercado.

Cómo diversificar tu portafolio:

1. Invierte en diferentes clases de activos:
Incluye una mezcla de acciones, bonos, bienes raíces y efectivo en tu portafolio. Los diferentes activos tienden a reaccionar de manera diferente a las condiciones del mercado, por lo que tener una mezcla te protege de las caídas bruscas.

2. Diversifica geográficamente:
No pongas todas tus inversiones en un solo país o región. Invertir en mercados internacionales te permite beneficiarte del crecimiento global y reducir el riesgo de depender únicamente de la economía de tu país.

3. Diversificación dentro de una clase de activos:
Si inviertes en acciones, asegúrate de tener acciones de diferentes sectores (tecnología, salud, consumo, etc.). Si un sector sufre, los otros pueden ayudar a equilibrar tu portafolio.

4. Rebalancea tu portafolio regularmente:
A medida que el mercado cambia, algunas de tus inversiones crecerán más que otras, lo que podría hacer que tu portafolio se vuelva desbalanceado. Revisa y ajusta tu portafolio periódicamente para mantener la diversificación adecuada.

Diversificar tu portafolio no solo reduce el riesgo, sino que también mejora tus probabilidades de obtener rendimientos consistentes a lo largo del tiempo, sin depender de un solo activo o sector.

Capítulo 6: Herramientas y plataformas para invertir

6.1 Cómo elegir la plataforma de inversión adecuada para ti

Elegir la plataforma de inversión adecuada es el primer paso para gestionar tus inversiones de manera eficiente. Con tantas opciones disponibles, es importante considerar *factores clave* como los costos, las funcionalidades, el acceso a diferentes activos y la facilidad de uso. Cada plataforma ofrece ventajas y desventajas, por lo que es fundamental que elijas la que mejor se adapte a tus necesidades y nivel de experiencia.

Factores a considerar al elegir una plataforma de inversión:

Costos:

Compara las comisiones de las diferentes plataformas. Algunas cobran comisiones por transacción, mientras que otras tienen tarifas anuales o mensuales. Las plataformas sin comisiones son cada vez más comunes, lo que las hace accesibles para los pequeños inversores.

Acceso a diferentes activos:

Asegúrate de que la plataforma te permita invertir en los activos que te interesan, como acciones, bonos, ETFs, fondos de inversión o criptomonedas. Algunas plataformas ofrecen más variedad que otras.

Interfaz y facilidad de uso:

Si eres un inversor principiante, es importante que la plataforma tenga una *interfaz intuitiva*. Algunas plataformas están diseñadas para ser fáciles de usar, mientras que otras ofrecen herramientas más avanzadas que pueden resultar confusas para los nuevos inversores.

Recursos educativos:

Muchas plataformas ofrecen tutoriales, análisis de mercado y recursos educativos para ayudarte a tomar decisiones informadas. Si estás comenzando a invertir, una plataforma con una sección educativa completa puede ser muy útil.

Soporte al cliente:
Verifica el nivel de atención al cliente que ofrece la plataforma. Es posible que necesites asistencia para configurar tu cuenta o resolver dudas sobre tus inversiones.

Elige una plataforma que no solo cumpla con tus objetivos financieros, sino que también sea accesible y cómoda de usar a largo plazo.

6.2 Aplicaciones y brókeres online: opciones accesibles para cualquier presupuesto

Los brókeres online y aplicaciones de inversión han revolucionado el acceso al mercado financiero, permitiendo que cualquier persona, independientemente de su presupuesto, pueda empezar a invertir. Estas plataformas eliminan muchas de las barreras que antes existían, como los altos costos de transacción o la necesidad de contar con un gran capital inicial.

Brókeres online y aplicaciones populares:

Robinhood:
Conocida por eliminar las *comisiones por transacción*, Robinhood es ideal para inversores principiantes. Permite invertir en acciones, ETFs y criptomonedas sin cargos adicionales. Su interfaz es simple y fácil de usar, aunque ofrece menos recursos educativos y herramientas avanzadas en comparación con otros brókeres.

E*TRADE:
E*TRADE es un bróker más tradicional, pero con una interfaz amigable para usuarios de todos los niveles. Ofrece acceso a una amplia gama de activos, incluidos acciones, bonos, ETFs, opciones y fondos mutuos, con comisiones bajas o nulas. También proporciona herramientas de investigación detalladas.

Fidelity:
Fidelity es ideal para inversores que buscan un bróker confiable con una excelente atención al cliente. Ofrece una amplia variedad de opciones de inversión, incluidas cuentas IRA y fondos indexados sin comisiones.

Acorns:
Esta aplicación es ideal para quienes desean inversiones automáticas. Acorns redondea cada compra que haces con tu tarjeta de

débito al dólar más cercano e invierte la diferencia en una cartera diversificada.

Wealthfront:

Wealthfront combina una interfaz amigable con un enfoque en inversiones automatizadas y planificación financiera. Ofrece acceso a una amplia gama de activos con comisiones bajas.

La mayoría de estas aplicaciones y brókeres permiten comenzar a invertir con *pequeños montos,* lo que las convierte en opciones accesibles para cualquier presupuesto. Investiga las opciones y elige la que mejor se ajuste a tus necesidades y nivel de experiencia.

6.3 Robo-advisors: Qué son y cómo pueden ayudarte a invertir sin complicaciones

Los *robo-advisors* son plataformas de inversión automatizadas que utilizan algoritmos para gestionar tus inversiones de manera eficiente. Este tipo de servicio es ideal para inversores que desean una gestión de cartera sencilla, con una mínima intervención personal.

Ventajas de los robo-advisors:

Gestión automatizada:

Los robo-advisors ajustan automáticamente tu cartera según tus objetivos y tolerancia al riesgo, rebalanceando y reinvirtiendo tus ganancias de forma automática. Esto reduce el trabajo manual y te permite concentrarte en otras actividades.

Costos bajos:

Los robo-advisors suelen tener tarifas de gestión muy bajas en comparación con los asesores financieros tradicionales, lo que los convierte en una opción accesible incluso para pequeños inversores.

Accesibilidad:

Muchos robo-advisors permiten empezar con montos pequeños, lo que facilita a los inversores principiantes entrar al mercado. Además, su interfaz es intuitiva y fácil de usar.

Diversificación automática:

Al inscribirte en un robo-advisor, tu dinero se distribuye automáticamente en una *cartera diversificada,* generalmente compuesta por ETFs y fondos indexados. Esto minimiza el riesgo y maximiza el potencial de crecimiento a largo plazo.

Plataformas de robo-advisors populares:

Betterment: Ofrece una gestión de cartera diversificada y ajustada automáticamente según tus objetivos financieros. Ideal para quienes buscan una experiencia de inversión sin complicaciones.

Wealthfront: Proporciona tanto gestión automatizada de inversiones como planificación financiera, ideal para aquellos que desean un enfoque integral.

Ellevest: Una plataforma diseñada específicamente para mujeres, que ofrece planes de inversión personalizados y automatizados con un enfoque en cerrar la brecha de género en la inversión.

Los robo-advisors son una excelente opción si prefieres dejar las decisiones de inversión en manos de la automatización, asegurándote de que tu cartera esté gestionada de manera profesional sin el estrés de monitorearla constantemente.

6.4 Cuentas de inversión a largo plazo: IRA, 401(k) y otras opciones fiscales

Las cuentas de inversión a largo plazo, como las IRA (Individual Retirement Account) y los 401(k), son herramientas clave para ahorrar e invertir para la jubilación. Estas cuentas están diseñadas para incentivar el ahorro a largo plazo a través de beneficios fiscales, lo que significa que puedes reducir tu carga tributaria mientras haces crecer tu dinero.

Tipos de cuentas de inversión a largo plazo:

IRA tradicional:
Una cuenta IRA tradicional te permite *deducir las contribuciones de tus impuestos,* y los fondos crecen con impuestos diferidos. Esto significa que no pagas impuestos sobre las ganancias hasta que retires el dinero en la jubilación.

Roth IRA:
Con una Roth IRA, contribuyes con dinero después de impuestos, pero las ganancias crecen libres de impuestos y no pagas impuestos sobre los retiros calificados en la jubilación. Es ideal si esperas estar en una categoría impositiva más alta en el futuro.

401(k):
Un plan de jubilación patrocinado por el empleador que te permite contribuir una parte de tu salario antes de impuestos, lo que

reduce tu carga fiscal anual. Muchos empleadores también ofrecen igualación de contribuciones, lo que significa que pueden agregar dinero adicional a tu cuenta según lo que tú aportes.

SEP IRA y SIMPLE IRA:
Estos planes son opciones para autónomos o pequeños empresarios que desean ahorrar para la jubilación con beneficios fiscales. Permiten hacer contribuciones más altas que las cuentas IRA tradicionales o Roth.

Ventajas de estas cuentas:

Beneficios fiscales: Las IRA y 401(k) te permiten aprovechar incentivos fiscales, lo que puede reducir tu carga tributaria y ayudarte a ahorrar más a largo plazo.

Crecimiento a largo plazo: Al aprovechar el interés compuesto, estas cuentas permiten que tus inversiones crezcan de manera significativa a lo largo de décadas.

Disciplina en el ahorro: Con contribuciones automáticas, estas cuentas fomentan un ahorro constante para la jubilación.

Si estás buscando una estrategia de ahorro a largo plazo que combine crecimiento de inversiones y beneficios fiscales, estas cuentas son esenciales para construir un futuro financiero seguro.

6.5 Herramientas de seguimiento de inversiones: Mantén el control de tu portafolio

Monitorear y ajustar tu cartera de inversiones regularmente es esencial para asegurarte de que está alineada con tus objetivos financieros a largo plazo. Afortunadamente, existen muchas herramientas de seguimiento de inversiones que te permiten revisar el rendimiento de tu portafolio, realizar ajustes y tomar decisiones informadas.

Herramientas populares de seguimiento de inversiones:

Personal Capital:
Es una plataforma gratuita que te permite monitorear tus inversiones en tiempo real, además de analizar los costos, asignación de activos y el rendimiento de tu cartera. También ofrece funciones avanzadas para la planificación de la jubilación.

Morningstar:
Una de las plataformas más respetadas para el análisis de fondos y acciones. Morningstar ofrece informes detallados sobre el rendimiento de tus inversiones, así como herramientas para comparar diferentes fondos y estrategias.

Mint:
Aunque es más conocida como una herramienta de gestión presupuestaria, Mint también te permite rastrear tus inversiones y obtener una visión general de tu patrimonio neto, lo que facilita mantener el control de todas tus cuentas en un solo lugar.

Yahoo Finance:
Esta plataforma gratuita permite seguir el rendimiento de tu cartera, acceder a análisis de mercado y realizar un seguimiento de noticias financieras que podrían afectar tus inversiones.

Ventajas de utilizar herramientas de seguimiento:

Control en tiempo real: Estas herramientas te brindan una visión clara y actualizada del rendimiento de tu cartera, lo que te ayuda a tomar decisiones rápidas cuando sea necesario.

Alertas y notificaciones: Puedes configurar alertas para ser notificado cuando ciertos activos alcancen precios clave o cuando haya cambios importantes en el mercado.

Rebalanceo fácil: Muchas de estas plataformas te ayudarán a rebalancear tu cartera según tus metas financieras y tolerancia al riesgo, lo que asegura que siempre estés alineado con tu estrategia de inversión.

Mantener un seguimiento regular de tus inversiones te permitirá tomar decisiones más informadas y optimizar tu cartera para maximizar el rendimiento mientras minimizas los riesgos.

Capítulo 7: Estrategias de inversión inteligente

7.1 La estrategia de inversión a largo plazo: Por qué "mantenerse" es la clave

Una de las estrategias más poderosas en el mundo de las inversiones es simplemente *mantenerse* en el mercado. La inversión a largo plazo se basa en la idea de que, a pesar de las fluctuaciones a corto plazo, los mercados financieros tienden a crecer con el tiempo. Muchos inversores caen en la trampa de intentar temporizar el mercado, comprando y vendiendo acciones con frecuencia, lo que no solo puede ser riesgoso, sino también costoso debido a las comisiones y los impuestos.

Ventajas de la inversión a largo plazo:

Compuesto del tiempo: Cuando mantienes una inversión durante un período prolongado, el interés compuesto trabaja a tu favor, permitiendo que las ganancias se acumulen sobre las ganancias anteriores. Cuanto más tiempo mantienes tus inversiones, más crecen.

Evitar el pánico: Los mercados pueden ser volátiles a corto plazo, pero si reaccionas con miedo ante cada corrección, podrías vender en el peor momento. Mantenerse a largo plazo permite que tus inversiones se recuperen después de las caídas del mercado.

Menores costos y comisiones: El trading frecuente genera comisiones y puede aumentar tu carga fiscal. Mantener las inversiones durante años o décadas te permite minimizar estos costos.

Ejemplos de grandes inversores como Warren Buffett han demostrado que el enfoque de inversión a largo plazo es una estrategia ganadora. Buffett recomienda "comprar acciones de empresas que estarías dispuesto a mantener por 10 años, aunque el mercado cerrara mañana".

7.2 Inversión en dividendos: Cómo generar ingresos pasivos con tus acciones

La inversión en acciones que pagan dividendos es una excelente manera de generar ingresos pasivos. Los dividendos son pagos periódicos que las empresas distribuyen a sus accionistas, generalmente a partir de sus ganancias. Al reinvertir estos dividendos, puedes hacer crecer tus inversiones aún más rápido, utilizando el poder del interés compuesto.

Ventajas de las acciones que pagan dividendos:

1. Ingresos pasivos regulares: Las empresas que pagan dividendos suelen hacerlo de manera trimestral, lo que te permite obtener un flujo constante de ingresos sin necesidad de vender tus acciones.
2. Estabilidad: Las empresas que pagan dividendos suelen ser empresas establecidas y con un flujo de caja estable, lo que las convierte en una inversión relativamente segura.
3. Reinversión de dividendos: Si no necesitas el dinero de los dividendos de inmediato, puedes optar por reinvertirlos para comprar más acciones, lo que incrementa el poder del interés compuesto y te permite aumentar tu capital más rápidamente.

Cómo identificar buenas acciones de dividendos:

Busca empresas con un historial consistente de pago y crecimiento de dividendos.

Evalúa el *payout ratio* (porcentaje de las ganancias que se destinan a dividendos), para asegurarte de que la empresa puede sostener sus pagos.

Empresas de sectores como energía, consumo básico y servicios financieros suelen ser buenas candidatas para la inversión en dividendos.

Invertir en dividendos te permite no solo beneficiarte del crecimiento de las acciones, sino también generar ingresos constantes que pueden complementar tus ganancias.

7.3 Dollar Cost Averaging: Invirtiendo de manera regular para minimizar riesgos

El **Dollar Cost Averaging (DCA)** es una estrategia de inversión que implica invertir una cantidad fija de dinero a intervalos regulares, independientemente de lo que esté ocurriendo en el mercado. Esto puede ser semanal, mensual o trimestral, y se realiza sin importar si el mercado está subiendo o bajando.

Ventajas del Dollar Cost Averaging:

Reducir el impacto de la volatilidad: Al invertir la misma cantidad regularmente, compras más acciones cuando el precio es bajo y menos cuando es alto. Esto reduce el impacto de las fluctuaciones del mercado y promedia tu costo a lo largo del tiempo.

Disciplina de inversión: DCA elimina la necesidad de temporizar el mercado, lo que puede ser arriesgado y emocionalmente agotador. Al invertir automáticamente, te mantienes fiel a tu estrategia sin preocuparte por las caídas temporales.

Aptitud para cualquier presupuesto: Esta estrategia es ideal para personas que no tienen grandes sumas de dinero para invertir de una sola vez. Puedes empezar con pequeñas cantidades y aumentar gradualmente tus inversiones.

Cómo aplicar DCA:

Establece una cantidad fija que puedas invertir regularmente (por ejemplo, $100 al mes).

Automatiza tus inversiones a través de tu bróker para que se realicen automáticamente cada mes.

No te preocupes por las fluctuaciones del mercado; con el tiempo, tus inversiones promediarán sus costos y tendrás una cartera más estable.

El Dollar Cost Averaging es una estrategia que reduce el riesgo y es especialmente útil en mercados volátiles, ya que te permite aprovechar tanto los períodos de baja como de alta en los precios.

7.4 La estrategia del rebalanceo: Cómo ajustar tu portafolio para maximizar ganancias

El rebalanceo es el proceso de ajustar tu cartera de inversiones para mantener la asignación original de activos (acciones, bonos, efectivo, etc.) en línea con tus objetivos financieros y tolerancia al riesgo. Con el tiempo, algunas inversiones crecerán más que otras, lo que desbalancea tu portafolio y puede exponerlo a más riesgo del que originalmente planeabas.

Ventajas del rebalanceo:

1. Mantener tu nivel de riesgo: Si una parte de tu portafolio, como las acciones, crece significativamente, puedes terminar teniendo una mayor proporción de activos de alto riesgo. El rebalanceo te permite volver a equilibrar tu portafolio para que coincida con tu nivel de riesgo deseado.

2. Aprovechar oportunidades de venta: Rebalancear implica vender activos que han crecido y comprar aquellos que han bajado en valor. Esto te permite vender caro y comprar barato, una de las reglas fundamentales de la inversión inteligente.

3. Disciplina y control emocional: Rebalancear periódicamente te permite tomar decisiones basadas en una estrategia predefinida en lugar de reaccionar emocionalmente a los movimientos del mercado.

Cuándo rebalancear:

1. Anualmente: Rebalancear una vez al año es una buena práctica para la mayoría de los inversores.

2. Basado en desviaciones: Algunos inversores rebalancean cuando una clase de activos supera un determinado porcentaje (por ejemplo, si las acciones aumentan más del 5% de su asignación original).

El rebalanceo asegura que tu portafolio siga alineado con tus objetivos financieros y reduce la posibilidad de asumir riesgos innecesarios.

7.5 Inversión ética y sostenible: Cómo invertir con un propósito

Cada vez más inversores buscan alinear sus inversiones con sus valores personales. La inversión ética y sostenible se centra en invertir en empresas que tienen un impacto positivo en el mundo, ya sea a través de prácticas medioambientales responsables, derechos humanos o gobernanza corporativa.

Tipos de inversión ética y sostenible:

Inversión Socialmente Responsable (ISR): Se trata de excluir de tu portafolio empresas que no cumplan con ciertos criterios éticos, como aquellas involucradas en armas, tabaco o combustibles fósiles.

Inversión de Impacto: Esta estrategia busca invertir en empresas que están activamente generando un impacto positivo en áreas como la educación, la salud, el medio ambiente o la inclusión social, mientras también generan ganancias.

Inversión ESG (ambiental, social y de gobernanza): ESG es un enfoque que evalúa a las empresas en función de su desempeño ambiental, impacto social y gobernanza (prácticas empresariales). Invertir en empresas con altos puntajes ESG puede ofrecer buenos rendimientos a largo plazo, ya que están mejor posicionadas para enfrentar riesgos relacionados con regulaciones y sostenibilidad.

Ventajas de la inversión ética:

Satisfacción personal: Puedes sentirte bien sabiendo que tu dinero está apoyando empresas que están alineadas con tus valores.

Sostenibilidad a largo plazo: Las empresas que practican una buena responsabilidad social y ambiental tienden a ser más sostenibles a largo plazo, lo que también puede traducirse en mejores retornos financieros.

Diversificación: La inversión ética puede proporcionar una nueva forma de diversificar tu portafolio al incluir sectores como las energías renovables, que están en crecimiento.

Invertir con un propósito no solo puede generar beneficios financieros, sino también un impacto positivo en el mundo. Las opciones de fondos ISR y ESG están creciendo, lo que te permite invertir en línea con tus valores.

Capítulo 8: Cómo proteger tus inversiones y ahorros

8.1 La importancia de los seguros en la planificación financiera

Uno de los pilares más importantes de la *protección financiera* es contar con seguros adecuados. Los seguros no solo te protegen a ti y a tu familia frente a eventos imprevistos, sino que también actúan como un *amortiguador financiero* que evita que tengas que recurrir a tus ahorros o inversiones en momentos de crisis.

Tipos clave de seguros para proteger tus finanzas:

Seguro de vida:
El seguro de vida garantiza que, en caso de fallecimiento, tu familia reciba una suma asegurada que les ayude a cubrir gastos esenciales, como la hipoteca, la educación de tus hijos o el costo de vida general. Existen diferentes tipos de seguros de vida, como *temporal* (por un período específico) o *permanente* (que dura toda la vida).

Seguro de salud:
Una enfermedad grave o un accidente pueden tener un impacto devastador en tus finanzas si no tienes seguro de salud. Este seguro cubre los gastos médicos y hospitalarios, permitiéndote concentrarte en tu recuperación sin preocuparte por las cuentas.

Seguro de incapacidad:
Si no puedes trabajar debido a una enfermedad o lesión, el seguro de incapacidad te proporciona un *ingreso mensual* para cubrir tus gastos. Este seguro es crucial para mantener la estabilidad financiera si tu capacidad de generar ingresos se ve afectada.

Seguro de propiedad:
Tanto si eres propietario de una vivienda como si alquilas, el seguro de propiedad protege tu casa y tus bienes en caso de *desastres naturales, robos o daños accidentales*. También incluye la responsabilidad civil si alguien se lesiona en tu propiedad.

Incorporar seguros en tu planificación financiera es una manera sólida de *mitigar riesgos* y evitar que eventos inesperados afecten negativamente tus finanzas personales y tus inversiones.

8.2 Cómo evitar las estafas de inversión: Señales de advertencia

Las estafas de inversión son un peligro real que puede comprometer tu capital. A lo largo de los años, miles de personas han perdido sus ahorros debido a esquemas fraudulentos que prometen altos rendimientos sin riesgos. Aprender a identificar las señales de advertencia de estas estafas es fundamental para proteger tu patrimonio.

Señales de advertencia de estafas de inversión:

Promesas de altos rendimientos con bajo riesgo:
Si alguien te ofrece una inversión con rendimientos extraordinariamente altos y asegura que no hay riesgos, debes tener cuidado. En el mundo de las inversiones, mayores rendimientos siempre conllevan mayores riesgos.

Presión para actuar rápidamente:
Los estafadores a menudo crean un sentido de urgencia, presionándote para que tomes una decisión rápida antes de que "sea demasiado tarde". Esta táctica se usa para impedir que investigues más a fondo.

Falta de información clara:
Si no puedes obtener información detallada y transparente sobre la inversión, los riesgos asociados o la empresa detrás de ella, es probable que estés ante una estafa.

Inversiones no registradas:
Asegúrate de que las inversiones estén registradas en los reguladores financieros de tu país. Las estafas a menudo involucran inversiones no reguladas o fuera del sistema financiero formal.

Esquemas piramidales o Ponzi:
Si te invitan a una inversión donde el dinero de los nuevos inversores se utiliza para pagar a los anteriores en lugar de generar valor real, es probable que sea un esquema Ponzi. Estos colapsan cuando no hay suficientes nuevos inversores para mantener el flujo de dinero.

Siempre investiga a fondo antes de invertir, verifica la legitimidad de las empresas o los asesores y desconfía de las promesas que suenan demasiado buenas para ser verdad.

8.3 Protege tu patrimonio: Planificación de herencia y testamento

La planificación de herencia es una parte crucial de la gestión financiera a largo plazo. Sin una planificación adecuada, gran parte de tu patrimonio podría perderse debido a impuestos, deudas o disputas familiares. Un testamento y una buena planificación sucesoria garantizan que tus activos se distribuyan de acuerdo a tus deseos y de manera eficiente.

Elementos clave de la planificación de herencia:

Testamento:
Un testamento es un documento legal que detalla cómo deseas que se distribuyan tus bienes y activos tras tu fallecimiento. Sin un testamento, las leyes locales determinarán cómo se dividirá tu patrimonio, lo que podría no coincidir con tus deseos.

Fideicomisos:
Los fideicomisos son instrumentos que permiten proteger y gestionar tu patrimonio de manera más eficiente. Pueden ayudar a reducir impuestos y evitar el proceso de legalización del testamento (sucesión), lo que puede ahorrar tiempo y costos a tus herederos.

Poder notarial:
Nombrar a alguien como tu apoderado le da el derecho de tomar decisiones financieras y legales en tu nombre si no puedes hacerlo. Esto es particularmente importante en casos de enfermedad grave o incapacidad.

Beneficiarios en cuentas:
Asegúrate de que todas tus cuentas de inversión, seguros y fondos de jubilación tengan beneficiarios actualizados. Esto asegura que los activos vayan directamente a las personas que has designado, sin pasar por el proceso de sucesión.

Impuestos sobre la herencia:
En algunos países, los impuestos sobre la herencia pueden ser significativos. Trabaja con un asesor financiero o abogado especia-

lizado en sucesiones para minimizar estos impuestos y proteger el valor de tu patrimonio.

Planificar tu herencia te proporciona tranquilidad y asegura que tu legado financiero sea gestionado de la manera que tú deseas.

8.4 La diversificación como estrategia de protección

La diversificación es una de las estrategias más efectivas para proteger tus inversiones. Diversificar significa distribuir tu dinero en diferentes activos y sectores, de manera que si un área del mercado experimenta pérdidas, otras áreas puedan compensarlas. Esto minimiza el riesgo de sufrir pérdidas significativas.

Formas de diversificar tu cartera:

Diversificación entre clases de activos:
No pongas todo tu dinero en un solo tipo de inversión, como acciones o bienes raíces. Incluye una mezcla de *acciones, bonos, bienes raíces y efectivo* en tu portafolio. Esto equilibra el riesgo, ya que los diferentes activos tienden a comportarse de manera diferente ante cambios económicos.

Diversificación geográfica:
Invertir en *mercados internacionales* te permite beneficiarte de oportunidades de crecimiento en distintas regiones. Si un país o región enfrenta una recesión, otras economías podrían estar prosperando, lo que mitiga las pérdidas en tu portafolio.

Diversificación dentro de una clase de activos:
Incluso dentro de una clase de activos, como las acciones, es importante diversificar. Invierte en diferentes sectores (tecnología, salud, finanzas, consumo) para evitar que una caída en un sector específico afecte gravemente tu cartera.

Fondos de inversión y ETFs:
Los fondos indexados y ETFs ofrecen una forma fácil de diversificar automáticamente, ya que invierten en un conjunto amplio de activos. Esto reduce el riesgo de que una inversión individual tenga un impacto negativo significativo en tu portafolio.

La diversificación es una estrategia esencial para proteger tu cartera de la volatilidad y los riesgos inherentes a la inversión, asegurando un crecimiento más estable a largo plazo.

8.5 Cómo prepararte para las fluctuaciones del mercado

Los mercados financieros son volátiles por naturaleza. Las caídas y correcciones en el mercado son inevitables, pero estar preparado para ellas es clave para proteger tus inversiones y evitar decisiones impulsivas que podrían empeorar la situación.

Estrategias para prepararte para las fluctuaciones del mercado:

Mantén una perspectiva a largo plazo:
El mercado tiene altibajos, pero históricamente, tiende a recuperarse con el tiempo. Mantener una mentalidad a largo plazo te ayudará a no entrar en pánico cuando los precios caen temporalmente.

Tener un fondo de emergencia:
Un fondo de emergencia te permite cubrir gastos imprevistos sin necesidad de vender tus inversiones durante una caída del mercado. Esto te da la tranquilidad de poder esperar a que el mercado se recupere.

Rebalancea tu portafolio:
A medida que algunos activos crecen y otros caen, tu portafolio puede volverse desbalanceado. Rebalancearlo periódicamente asegura que mantienes tu nivel de riesgo original y aprovechas las oportunidades de compra cuando los precios son bajos.

No intentes temporizar el mercado:
Intentar predecir los movimientos del mercado es extremadamente difícil, incluso para inversores profesionales. Mantente fiel a tu estrategia de inversión en lugar de intentar vender antes de una caída y comprar antes de una subida. A menudo, el mercado sube cuando menos lo esperas.

Aprovecha las caídas para comprar:
Si el mercado cae, puedes ver esto como una oportunidad para comprar activos a precios más bajos. Las caídas del mercado pueden ser oportunidades para los inversores a largo plazo que buscan construir su portafolio.

Prepararte para las fluctuaciones del mercado es parte de la mentalidad de un inversor exitoso. A través de una planificación cuidadosa, diversificación y enfoque en el largo plazo, puedes proteger tu patrimonio y aprovechar las oportunidades que surgen durante las correcciones del mercado.

Capítulo 9: El poder del tiempo y la paciencia en las inversiones

9.1 El factor tiempo en las inversiones: Cómo aprovechar el interés compuesto

El *tiempo* es uno de los mayores aliados en el mundo de las inversiones, y el *interés compuesto* es la herramienta que permite maximizar su poder. Cuando inviertes a largo plazo, no solo obtienes rendimientos sobre tu capital inicial, sino que esos rendimientos también generan ganancias adicionales, creando un efecto de crecimiento exponencial.

Cómo funciona el interés compuesto:

El interés compuesto significa que *ganas intereses sobre los intereses* que ya has acumulado. Por ejemplo, si inviertes $1,000 a una tasa de interés del 5% anual, al final del primer año tendrás $1,050. En el segundo año, ganarás un 5% sobre $1,050, lo que te dará $1,102.50. A medida que pasa el tiempo, este efecto se amplifica.

Ejemplo de la importancia del tiempo:

Si comienzas a invertir $200 al mes a los 25 años con una tasa de interés del 7%, para cuando tengas 65 años habrás acumulado más de $500,000.

Si empiezas la misma inversión a los 35 años, al llegar a los 65 solo tendrás alrededor de $250,000.

Lecciones del interés compuesto:

Comienza temprano: Cuanto antes comiences a invertir, más tiempo tendrá el interés compuesto para trabajar a tu favor.

Mantén tus inversiones: El efecto del interés compuesto es más poderoso cuando las inversiones se dejan crecer durante décadas.

Reinvierte los rendimientos: Asegúrate de reinvertir los dividendos o intereses que ganes para que se beneficien del crecimiento compuesto.

El tiempo es tu mejor aliado en la construcción de riqueza. Aprovechar el interés compuesto te permite hacer crecer tu patrimonio de manera más eficiente sin depender de grandes aportes de capital adicionales.

9.2 Evitar la tentación de retirarse temprano: Mantente firme ante las caídas del mercado

Uno de los errores más comunes que cometen los inversores es vender sus inversiones durante las caídas del mercado. Este comportamiento, conocido como "venta por pánico", a menudo lleva a pérdidas permanentes y a perder las oportunidades de recuperación cuando el mercado sube de nuevo.

Por qué debes mantenerte firme durante las caídas del mercado:

La volatilidad es parte del proceso: Los mercados suben y bajan, pero históricamente tienden a recuperarse y crecer a largo plazo. Vender en medio de una caída puede cristalizar pérdidas que podrían haberse recuperado con el tiempo.

Los mejores días del mercado suelen seguir a los peores: A menudo, los días de mayor crecimiento en el mercado siguen a las peores caídas. Si vendes en el punto más bajo, puedes perderte el rebote y las ganancias.

Mantén una perspectiva a largo plazo: Los inversores exitosos se enfocan en el panorama general, sabiendo que los altibajos son normales en los mercados financieros. Mantener tu estrategia durante los momentos difíciles es crucial para beneficiarte del crecimiento a largo plazo.

Cómo evitar la tentación de retirarse temprano:

Revisa tus metas a largo plazo y recuerda por qué comenzaste a invertir.

Evita monitorear tu portafolio diariamente, ya que las fluctuaciones diarias pueden generar ansiedad innecesaria.

Diversifica tus inversiones, lo que te ayudará a mitigar el riesgo y te dará más confianza durante los momentos volátiles.

Mantenerse firme durante las caídas del mercado requiere paciencia y control emocional. Si tienes una estrategia sólida y diversificada, el tiempo estará de tu lado y las caídas del mercado solo serán momentos temporales en tu trayectoria de crecimiento.

9.3 Invertir durante crisis económicas: Oportunidades y estrategias

Las crisis económicas pueden parecer momentos peligrosos para invertir, pero también pueden ofrecer algunas de las mejores oportunidades para los inversores a largo plazo. Durante las recesiones, los precios de muchos activos bajan drásticamente, lo que permite adquirir inversiones de alta calidad a precios reducidos.

Estrategias para invertir durante una crisis económica:

Identifica empresas sólidas con precios bajos: Durante las recesiones, muchas empresas saludables experimentan caídas en el precio de sus acciones debido a la incertidumbre del mercado. Esta puede ser una oportunidad para adquirir acciones de empresas bien gestionadas y con fundamentos sólidos a un precio de descuento.

Evita el pánico: Mantén la calma y no sigas a la multitud que vende en pánico. En lugar de eso, aprovecha la caída para comprar a precios bajos. La historia ha demostrado que las crisis tienden a ser seguidas por una recuperación.

Inversiones defensivas: Algunos sectores tienden a ser más estables durante las recesiones, como los sectores de salud, servicios públicos y bienes de consumo básico. Considera aumentar tu exposición a estas áreas si prevés una crisis económica prolongada.

Aprovecha las oportunidades de Dollar Cost Averaging: Durante una crisis, los precios pueden ser volátiles, lo que hace que el *Dollar Cost Averaging* (inversiones periódicas con cantidades fijas) sea una estrategia eficaz para reducir el impacto de las fluctuaciones del mercado.

Las crisis económicas pueden ser desafiantes, pero también ofrecen oportunidades para los inversores que estén preparados y dispuestos a aprovechar precios bajos con una visión a largo plazo.

9.4 Cómo los ciclos económicos impactan tus inversiones

Los mercados financieros están influenciados por los *ciclos económicos*, que se refieren a las fluctuaciones en la actividad económica de un país o región a lo largo del tiempo. Estos ciclos tienen diferentes fases (expansión, pico, contracción y recuperación), y cada una de ellas afecta a las inversiones de manera diferente.

Fases de los ciclos económicos y su impacto en las inversiones:

Expansión:
Durante la fase de expansión, la economía crece, el desempleo disminuye y los mercados financieros tienden a subir. En esta etapa, las acciones y otros activos de riesgo suelen ofrecer buenos rendimientos, y los sectores cíclicos como la tecnología, la construcción y el consumo discrecional se benefician más.

Pico:
El ciclo llega a su punto máximo de crecimiento, y la economía puede empezar a sobrecalentarse, lo que lleva a aumentos en la inflación y tasas de interés más altas. En este punto, las ganancias pueden disminuir, y los inversores suelen empezar a prepararse para una desaceleración.

Contracción:
La economía entra en recesión, las empresas reducen su producción y el desempleo aumenta. Los mercados suelen caer durante esta fase, y los sectores defensivos como la salud y los servicios públicos tienden a ser más resistentes a las caídas. Es un buen momento para buscar oportunidades de inversión a largo plazo.

Recuperación:
Después de la contracción, la economía comienza a recuperarse. Los precios de las acciones empiezan a repuntar antes de que los indicadores económicos muestren mejoras evidentes. En esta fase, es beneficioso volver a tomar posiciones en activos de riesgo.

Cómo gestionar tus inversiones a lo largo de los ciclos:

Diversificación: Mantén una cartera diversificada para protegerte en todas las fases del ciclo.

Rebalanceo: Ajusta tu portafolio periódicamente para asegurarte de que no estás asumiendo más riesgos de los necesarios a medida que cambian las condiciones económicas.

Estrategia a largo plazo: No intentes temporizar los ciclos económicos. Es más efectivo mantener una estrategia constante a lo largo del tiempo que tratar de anticipar los movimientos de cada fase.

Conocer cómo los ciclos económicos afectan tus inversiones te ayudará a mantener la calma y tomar decisiones informadas en cada fase del ciclo.

9.5 Paciencia y disciplina: Dos claves para el éxito a largo plazo

El éxito en las inversiones a largo plazo no se debe a la suerte, sino a la paciencia y la disciplina. Los inversores más exitosos son aquellos que saben mantenerse firmes ante las fluctuaciones del mercado y que siguen su estrategia sin dejarse llevar por las emociones.

Paciencia y disciplina en la inversión:

No te dejes influenciar por las emociones: Es fácil caer en el pánico cuando el mercado cae o en la euforia cuando todo sube. La clave es no tomar decisiones basadas en emociones. Mantente enfocado en tus objetivos financieros a largo plazo.

Sigue tu plan de inversión: Tener un plan financiero claro te da un marco de referencia para guiar tus decisiones. Asegúrate de que tu plan esté alineado con tus metas, tolerancia al riesgo y horizonte temporal, y no te desvíes en momentos de volatilidad.

Confía en el poder del tiempo: La paciencia es esencial para permitir que tus inversiones crezcan y se beneficien del interés compuesto y de las recuperaciones del mercado. Las caídas temporales pueden parecer aterradoras, pero mantenerte invertido te permitirá cosechar los beneficios a largo plazo.

Reinversión de dividendos y ganancias: Reinvertir tus dividendos y las ganancias obtenidas a lo largo del tiempo amplifica el crecimiento de tu portafolio. Mantén la disciplina de reinvertir siempre que sea posible.

Paciencia y disciplina son los pilares fundamentales del éxito a largo plazo en las inversiones. Aquellos que entienden esto y se apegan a su estrategia con el tiempo están mejor posicionados para lograr sus objetivos financieros.

Capítulo 10: La psicología del inversor exitoso

10.1 Controla tus emociones: Cómo evitar las decisiones impulsivas

El comportamiento emocional es uno de los mayores enemigos de los inversores. Las decisiones impulsivas, motivadas por el pánico o la euforia, pueden llevar a errores financieros costosos. Mantener la calma y controlar tus emociones es fundamental para lograr el éxito en las inversiones.

Consejos para evitar decisiones impulsivas:

Establece un plan de inversión: Un plan bien definido con metas claras y una estrategia a largo plazo te permitirá tomar decisiones basadas en lógica en lugar de reacciones emocionales ante los movimientos del mercado.

Evita seguir la multitud: Es fácil caer en la tentación de hacer lo que todo el mundo está haciendo, ya sea vender en pánico o comprar en medio de una burbuja. Mantén la calma y adhiérete a tu estrategia.

No monitorees el mercado constantemente: Las fluctuaciones diarias pueden aumentar la ansiedad. Si inviertes a largo plazo, no es necesario revisar tu portafolio todos los días. Fijar períodos específicos para evaluar tu cartera (por ejemplo, cada trimestre) te ayudará a evitar reacciones emocionales.

Aprende a desconectar: Las noticias sobre el mercado financiero pueden ser abrumadoras y fomentar decisiones impulsivas. En momentos de alta volatilidad, es importante desconectar de la sobrecarga de información y volver a enfocarte en tus objetivos.

Controlar las emociones te permitirá tomar decisiones más inteligentes y evitar errores costosos que podrían retrasar tu progreso financiero.

10.2 El miedo y la codicia en los mercados financieros: Cómo manejarlos

El *miedo* y la *codicia* son las dos emociones dominantes en los mercados financieros, y ambos pueden influir negativamente en las decisiones de inversión si no se controlan adecuadamente.

- **Manejo del miedo**: El miedo surge cuando los mercados caen y los inversores temen perder sus ahorros o inversiones. Este miedo puede llevar a la venta en momentos de caída, cristalizando pérdidas en lugar de permitir la recuperación del mercado.

Cómo manejar el miedo: Mantén una visión a largo plazo. Recuerda que las caídas del mercado son temporales y parte de su ciclo natural. Tener un fondo de emergencia también te proporcionará seguridad y reducirá el miedo de depender de tus inversiones a corto plazo.

Manejo de la codicia: La codicia aparece cuando los mercados suben rápidamente y los inversores desean obtener grandes ganancias en poco tiempo. Este impulso puede llevar a decisiones arriesgadas, como comprar activos sobrevalorados o invertir sin la debida diligencia.

Cómo manejar la codicia: Sé disciplinado y adhiérete a tu estrategia de inversión. No te dejes llevar por promesas de rendimientos rápidos o "ofertas irresistibles". Recuerda que las altas ganancias siempre conllevan un mayor riesgo.

Reconocer cómo el miedo y la codicia te afectan te permitirá tomar decisiones más objetivas y evitar los errores que muchos inversores cometen al reaccionar ante el mercado.

10.3 Mentalidad de crecimiento: aprende de tus errores y sigue mejorando

Los inversores más exitosos no temen cometer errores; en cambio, los ven como oportunidades de aprendizaje. Adoptar una mentalidad de crecimiento te ayudará a mejorar continuamente tus habilidades y estrategia de inversión.

Cómo cultivar una mentalidad de crecimiento en la inversión:

Acepta que los errores son parte del proceso: Todos los inversores, incluso los más experimentados, cometen errores. La clave no es evitarlos por completo, sino aprender de ellos. Cada error es una oportunidad de aprendizaje que te ayudará a tomar decisiones más inteligentes en el futuro.

Revisa tus decisiones regularmente: Lleva un registro de tus decisiones de inversión, ya sean buenas o malas. Revisa tu proceso de pensamiento detrás de cada decisión y busca maneras de mejorar tu enfoque la próxima vez.

Mantente informado y sigue aprendiendo: El mundo financiero está en constante evolución, y los inversores exitosos nunca dejan de aprender. Lee libros, asiste a seminarios, escucha podcasts y mantente al tanto de las tendencias y desarrollos del mercado.

Sé adaptable: A medida que aprendas más y experimentes nuevas situaciones en el mercado, sé flexible para ajustar tu estrategia si es necesario. No te aferres a una única forma de pensar.

Desarrollar una mentalidad de crecimiento te ayudará a evolucionar como inversor y a mejorar tu capacidad para enfrentar los desafíos del mercado.

10.4 Las trampas del "pensamiento a corto plazo" y cómo superarlas

El pensamiento a corto plazo puede hacer que los inversores tomen decisiones imprudentes que afecten sus objetivos a largo plazo. La mayoría de las veces, el deseo de obtener resultados inmediatos o la preocupación por las caídas temporales del mercado conducen a decisiones contraproducentes.

Trampas del pensamiento a corto plazo:

Venta prematura: Los inversores a menudo venden sus activos demasiado pronto al ver caídas en el mercado, por miedo a perder más dinero. Sin embargo, esto puede significar perderse una recuperación posterior.

Compra impulsiva: El deseo de aprovechar un mercado en alza puede llevar a la compra impulsiva de acciones sobrevaloradas, lo que a menudo resulta en pérdidas cuando los precios se corrigen.

Cómo superar el pensamiento a corto plazo:

Enfócate en el panorama general: Mantén siempre en mente tus metas a largo plazo y el propósito detrás de tu estrategia de inversión. Recuerda que el crecimiento sostenible lleva tiempo.

Automatiza tus decisiones: Automatizar ciertas decisiones, como el Dollar Cost Averaging o las contribuciones regulares a tu cuenta de inversión, te ayudará a mantenerte enfocado en el largo plazo y reducir la tentación de reaccionar impulsivamente a las fluctuaciones del mercado.

Haz pausas antes de actuar: Si sientes el impulso de hacer un movimiento rápido, tómate un momento para reflexionar. Pregúntate si esa decisión es parte de tu estrategia de largo plazo o una reacción emocional al corto plazo.

Superar el enfoque a corto plazo te ayudará a tener más éxito como inversor, asegurándote de que tus decisiones estén en línea con tus objetivos y no con las fluctuaciones temporales del mercado.

10.5 El impacto del comportamiento en tus resultados financieros

El comportamiento del inversor es uno de los mayores factores que influyen en los resultados financieros. No es solo el tipo de activos en los que inviertes o la estrategia que sigues, sino cómo te comportas ante las diversas situaciones del mercado lo que determina el éxito de tus inversiones.

Efectos negativos del comportamiento en las inversiones:

Euforia del mercado: En tiempos de mercado alcista, los inversores tienden a volverse demasiado optimistas, comprando acciones en momentos inadecuados y a precios inflados. La euforia puede llevar a sobrestimar las expectativas de retorno.

Pánico en caídas: Durante caídas del mercado, muchos inversores entran en pánico y venden sus posiciones, cristalizando las pérdidas que podrían haber recuperado si hubieran mantenido la calma.

Exceso de confianza: Creer que puedes vencer consistentemente al mercado o que puedes predecir sus movimientos es una trampa peligrosa. El exceso de confianza puede llevar a asumir riesgos innecesarios.

Cómo mejorar el comportamiento del inversor:

Autoevaluación constante: Haz un análisis regular de tus decisiones de inversión y comportamiento. ¿Estás tomando decisiones objetivas o estás reaccionando emocionalmente a las noticias del mercado?

Ten un enfoque a largo plazo: Elimina el ruido del corto plazo y enfócate en tus metas a largo plazo. No dejes que las fluctuaciones temporales te desvíen de tu estrategia.

Rodéate de información y asesoramiento de calidad: Tener un asesor financiero o leer libros de calidad sobre inversiones puede ayudarte a mantener una perspectiva más objetiva y reducir la influencia de tus emociones en la toma de decisiones.

El comportamiento del inversor tiene un impacto directo en los resultados financieros. Desarrollar *autocontrol, disciplina y una mentalidad a largo plazo* es crucial para maximizar el rendimiento de tus inversiones y evitar errores costosos.

Capítulo 11: Casos de estudio y ejemplos reales de éxito financiero

11.1 Historias inspiradoras de personas comunes que alcanzaron la libertad financiera

A lo largo de la historia, muchas personas comunes han logrado alcanzar la libertad financiera a través de la inversión inteligente, la disciplina y la paciencia. Sus historias son fuente de inspiración para quienes buscan construir un futuro financiero estable y próspero.

Ejemplo 1: Chris Reining

Chris, un profesional de TI, comenzó a invertir de manera consistente y frugal a los 25 años. Implementando la estrategia del ahorro e inversión temprana, vivió por debajo de sus posibilidades, invirtió en fondos indexados y reinvirtió los dividendos. A los 37 años, alcanzó la independencia financiera, con un portafolio sólido que le permitió retirarse temprano. Su enfoque fue basado en la frugalidad y la constancia, ahorrando al menos el 50% de su ingreso durante más de una década.

Ejemplo 2: Jamila Souffrant

Jamila, madre de tres y exbanquera, alcanzó la libertad financiera en sus 30 años después de pagar deudas y enfocarse en el ahorro e inversión. Utilizó su educación financiera para invertir en bienes raíces y acciones, creando múltiples fuentes de ingresos. Su historia demuestra que, incluso con responsabilidades familiares, es posible hacer crecer tu patrimonio mediante una estrategia consistente y disciplinada.

Estas historias son solo dos ejemplos de cómo personas comunes, sin ingresos extraordinarios, pueden lograr grandes cosas al ser estratégicas con sus inversiones y gastos. La clave es comenzar pronto y mantenerse fiel a los objetivos.

11.2 Análisis de estrategias de inversión que funcionaron (y otras que fallaron)

No todas las estrategias de inversión tienen éxito, y aprender de los errores ajenos es una excelente manera de evitar tropiezos. En esta sección, analizamos algunos casos de estrategias exitosas y otras que no lograron sus objetivos.

Estrategia que funcionó: Inversión en acciones de crecimiento (Caso de Apple)

En 1997, cuando Steve Jobs volvió a Apple, las acciones de la empresa se vendían a precios muy bajos debido a la inestabilidad. Sin embargo, algunos inversores vieron el potencial a largo plazo de la compañía y compraron acciones. Quienes mantuvieron esas acciones durante las siguientes décadas vieron su inversión crecer exponencialmente. Este caso muestra el poder de *identificar empresas con potencial de crecimiento* y mantener las inversiones a largo plazo.

Estrategia que falló: La burbuja de las puntocom (años 2000)

En los años 90, la fiebre por las empresas tecnológicas llevó a una burbuja financiera en la que muchas personas invirtieron grandes sumas en empresas puntocom sin fundamentos sólidos. Cuando la burbuja estalló en 2000, miles de inversores perdieron gran parte de su capital, ya que muchas de estas empresas quebraron o vieron sus acciones desplomarse. El error aquí fue seguir la euforia del mercado sin analizar los fundamentos de las empresas.

Aprender de estos ejemplos permite evitar errores comunes, como seguir las tendencias del mercado sin un análisis profundo, y resalta la importancia de la diversificación y paciencia en las inversiones.

11.3 Lecciones prácticas de los inversores más exitosos del mundo

Algunos de los inversores más exitosos del mundo han compartido lecciones prácticas que pueden ayudar a cualquier persona a mejorar su estrategia de inversión.

Warren Buffett: "El mercado de valores es un dispositivo para transferir dinero del impaciente al paciente."

Buffett, considerado uno de los mejores inversores de todos los tiempos, ha mantenido una estrategia basada en invertir en valor. Busca empresas sólidas con buenos fundamentos y las mantiene durante décadas, aprovechando el crecimiento a largo plazo. Su enfoque subraya la importancia de no caer en la trampa de intentar temporizar el mercado.

Peter Lynch: "Conoce lo que posees, y por qué lo posees." Peter Lynch, conocido por su éxito gestionando el fondo Magellan de Fidelity, sugiere que los inversores deben entender completamente sus inversiones. Antes de invertir en una empresa o activo, debes comprender cómo genera ingresos y cuál es su potencial de crecimiento. Invertir sin conocimiento es una receta para el fracaso.

John Bogle: "No busques la aguja en el pajar. Compra el pajar." John Bogle, fundador de Vanguard y pionero en los fondos indexados, defendía la diversificación y la inversión en todo el mercado a través de fondos indexados de bajo costo. Esta estrategia ha demostrado ser exitosa para inversores de largo plazo, reduciendo riesgos y maximizando la rentabilidad.

Estas lecciones subrayan la importancia de la *disciplina, la investigación y la paciencia,* los tres pilares de una estrategia de inversión exitosa.

11.4 Cómo aplicar las lecciones de estos casos en tu propia vida financiera

Aplicar las lecciones de estos ejemplos exitosos a tu propia vida financiera requiere un enfoque estratégico y disciplinado. Aquí te presentamos algunas formas prácticas de hacerlo:

Crea un plan de inversión sólido: Como en el caso de Warren Buffett, la paciencia y la constancia son claves. Define un plan de inversión basado en tus metas a largo plazo y evita la tentación de realizar cambios bruscos debido a fluctuaciones del mercado.

Invierte en lo que entiendes: Como sugiere Peter Lynch, asegúrate de comprender en qué estás invirtiendo. Investiga bien las empresas, fondos o activos en los que planeas poner tu dinero. Si algo parece demasiado complejo o no entiendes cómo genera valor, podría no ser la mejor opción para ti.

Diversifica: Siguiendo la filosofía de John Bogle, diversifica tus inversiones. Los fondos indexados son una excelente manera de hacerlo, ya que te permiten invertir en una amplia gama de acciones o bonos a través de un solo fondo.

Invierte de manera regular: Como demuestran los casos de éxito, el Dollar Cost Averaging es una estrategia efectiva para mitigar los riesgos del mercado. Invertir cantidades regulares, independientemente de las condiciones del mercado, te permite aprovechar tanto los mercados alcistas como los bajistas.

La clave es mantener la disciplina, el conocimiento y la paciencia, adaptando estas lecciones a tu realidad financiera y a tus objetivos.

11.5 Reflexiones finales: Tú puedes ser el próximo caso de éxito

Las historias de éxito financiero no están reservadas para los inversores de Wall Street o las personas con grandes fortunas. Tú también puedes convertirte en un caso de éxito, independientemente de tu situación financiera actual, si sigues una estrategia inteligente, basada en la constancia, la educación y la paciencia.

Reflexiones finales:

Comienza hoy: No importa cuánto dinero tengas para empezar. Lo más importante es comenzar y ser constante. Con el tiempo, incluso pequeñas cantidades invertidas de manera regular pueden crecer significativamente.

Aprende de los errores: Todos los inversores cometen errores, pero lo importante es aprender de ellos y mejorar tu estrategia. La mentalidad de crecimiento te permitirá evolucionar como inversor.

Mantén la perspectiva a largo plazo: El mercado puede ser volátil a corto plazo, pero si mantienes la calma y te apegas a tu plan, verás cómo el tiempo juega a tu favor.

Tú puedes ser el próximo: Las historias de éxito están al alcance de todos aquellos que estén dispuestos a aprender, trabajar y mantenerse disciplinados. Con el conocimiento adecuado y un enfoque sólido, puedes alcanzar tus metas financieras y construir un futuro de libertad y seguridad económica.

Apéndices

Glosario de términos financieros y de inversión

Este glosario está diseñado para ayudarte a comprender algunos de los términos clave que se mencionan a lo largo del libro y que son fundamentales para el mundo de las finanzas e inversiones.

- **Acciones**: Instrumentos financieros que representan la propiedad parcial en una empresa.
- **Bonos**: Instrumentos de deuda emitidos por gobiernos o corporaciones que representan un préstamo hecho por el inversor a cambio de intereses.
- **Diversificación**: Estrategia de inversión que consiste en distribuir el capital entre diferentes activos para minimizar riesgos.
- **ETF (Fondo Cotizado en Bolsa)**: Un fondo de inversión que se negocia en bolsa como una acción, compuesto por un conjunto de activos diversificados.
- **Fondo indexado**: Un fondo de inversión que replica el rendimiento de un índice del mercado, como el S&P 500.
- **Interés compuesto**: El interés que se acumula tanto sobre el capital inicial como sobre los intereses previamente acumulados.
- **Liquidez**: La facilidad con la que un activo puede convertirse en efectivo sin perder valor.
- **Rebalanceo**: El proceso de ajustar la proporción de activos en una cartera para mantener el nivel de riesgo deseado.
- **Riesgo**: La posibilidad de que una inversión no rinda lo esperado o genere pérdidas.
- **Volatilidad**: Medida de la variabilidad de los precios de un activo financiero en un período de tiempo.

Recursos recomendados: Blogs, libros y plataformas para continuar tu educación financiera

Blogs:

- **The Simple Dollar**: Blog centrado en la educación financiera personal, con énfasis en la gestión del dinero y la inversión para principiantes.
- **Mr. Money Mustache**: Blog popular que trata sobre la independencia financiera a través del ahorro, la frugalidad y la inversión inteligente.
- **NerdWallet**: Ofrece comparaciones de productos financieros, desde tarjetas de crédito hasta inversiones, junto con consejos útiles para gestionar tus finanzas.

Libros imprescindibles:

- *El Inversor Inteligente,* **de Benjamin Graham**: Considerado la biblia de la inversión de valor, ofrece lecciones fundamentales sobre cómo invertir a largo plazo.
- *Padre Rico, Padre Pobre,* **de Robert Kiyosaki**: Este libro explica las diferencias en las mentalidades financieras y cómo las decisiones de inversión pueden influir en tu futuro.
- *The Little Book of Common Sense Investing,* **de John C. Bogle**: Enseña los beneficios de la inversión en fondos indexados y la importancia de reducir costos en la inversión.

Plataformas:

- **Investopedia**: Un recurso excelente para aprender sobre conceptos financieros y de inversión, con artículos y tutoriales detallados.
- **Morningstar**: Plataforma que ofrece análisis de fondos de inversión y acciones, ideal para quienes buscan profundizar en el análisis financiero.
- **Vanguard**: Proveedor líder de fondos indexados y ETFs, ideal para quienes buscan inversiones de bajo costo.

Herramientas útiles: Calculadoras de interés compuesto, seguimiento de inversiones y más

Calculadoras de interés compuesto:

- **MoneyChimp Interest Calculator**: Herramienta simple para calcular el interés compuesto y visualizar cómo crecerán tus inversiones con el tiempo.
- **Investor.gov Compound Interest Calculator**: Calculadora del gobierno de EE.UU. que ayuda a estimar el crecimiento de tu inversión con interés compuesto.

Herramientas de seguimiento de inversiones:

- **Personal Capital**: Aplicación gratuita que te permite gestionar y hacer seguimiento de tus inversiones, además de analizar tu patrimonio neto y gastos.
- **Mint**: Una plataforma que ofrece un seguimiento integral de tus finanzas personales, desde presupuestos hasta inversiones.
- **Yahoo Finance**: Permite rastrear el rendimiento de tus acciones y fondos en tiempo real, además de proporcionar noticias financieras actualizadas.

Ejemplos de hojas de cálculo para presupuestos e inversiones

Hojas de cálculo de presupuestos:

- **Plantilla de presupuesto mensual**: Organiza tus ingresos y gastos en una hoja de cálculo sencilla que te permita hacer un seguimiento de tus finanzas personales mes a mes.
- **Plantilla de presupuesto 50/30/20**: Basada en la regla del 50% para necesidades, 30% para deseos y 20% para ahorro e inversión, esta hoja te ayudará a mantener un equilibrio en tus gastos.

Hojas de cálculo de inversiones:

- **Hoja de seguimiento de inversiones**: Registra tus compras de activos, precios, rendimientos y valor de mercado actual.

Esto te permitirá analizar el rendimiento de tu portafolio a lo largo del tiempo.

- **Hoja de cálculo de rebalanceo**: Herramienta diseñada para ayudarte a rebalancear tu cartera según tu asignación de activos deseada. Te guiará a través del proceso de venta y compra de activos para mantener el riesgo controlado.

Bibliografía

Bogle, John C. *El pequeño libro de la inversión con sentido común.* Wiley, Hoboken, 2007.

Dalio, Ray. *Principios: Vida y trabajo.* Deusto, Barcelona, 2018.

Fisher, Philip A. *Acciones ordinarias y beneficios extraordinarios.* Wiley, Nueva York, 1996.

Graham, Benjamín. *El inversor inteligente.* HarperCollins Español, Nueva York, 2021.

Kiyosaki, Robert. *Padre rico, padre pobre.* Aguilar, México, 2017.

Lynch, Peter. *Golpeando la calle.* Simon & Schuster, Nueva York, 1993.

Marks, Howard. *Lo más importante: sentido común para el inversor reflexivo.* Columbia University Press, Nueva York, 2011.

Malkiel, Burton G. *Un paseo aleatorio por Wall Street: la estrategia probada a lo largo del tiempo para invertir con éxito.* WW Norton & Company, Nueva York, 2019.

Schwed, Fred Jr. *¿Dónde están los yates de los clientes? O una mirada atenta a Wall Street.* Wiley, Nueva York, 2006.

Siegel, Jeremy J. *Acciones a largo plazo: La guía definitiva sobre rentabilidades de los mercados financieros y estrategias de inversión a largo plazo.* McGraw-Hill Education, Nueva York, 2014.

MAURICIO ORTIZ VELÁSQUEZ (ED.)

MARKETING

CONCEPTOS Y APLICACIONES

I.S.B.N.: 978-84-9074-378-2

Esta obra, dirigida a estudiantes, ejecutivos y empresarios que deseen conocer y poner en práctica los principales conceptos del marketing, contiene los resultados de la amplia experiencia académica, investigadora y empresarial de los autores acerca de este tema clave para el éxito de cualquier organización. Presenta cuál es el rol del marketing en las organizaciones contemporáneas, su papel en el mercado, y la vinculación con los deseos y necesidades de los clientes para desarrollar productos y servicios que los satisfagan y contribuyan con la rentabilidad de la empresa. Gracias a la presentación de casos y ejemplos, la obra se constituye en una ventana hacia la realidad de las empresas, pues ilustra alternativas y posibles soluciones a las situaciones a las que día a día se enfrentan quienes se están preparando para desempeñarse en el mundo empresarial o ya están involucrados en este como empresarios emprendedores.